SZORBET: FRISSÍTŐ RECEPTEK A FAGYASZTOTT ÉLMEKHEZ

Kényeztesse magát a házi készítésű szorbet 100 hűvös és kitűnő ízével

Liliána Fehér

szerzői jog Anyag ©2024

Minden jogok Fenntartott

Nem rész nak,-nek ez könyv lehet lenni használt vagy továbbított ban ben Bármi forma vagy által Bármi eszközök nélkül a megfelelő írott beleegyezés nak,-nek a kiadó és szerzői jog tulajdonos, kivéve számára rövid idézetek használt ban ben a felülvizsgálat. Ez könyv kellene nem lenni figyelembe vett a helyettes számára orvosi, jogi, vagy Egyéb szakmai tanács.

TARTALOMJEGYZÉK

TARTALOMJEGYZÉK 3
BEVEZETÉS 7
BOGYÓSZORBET 8
1. Eper sorbet Oreo sütivel 9
2. Vörös málna szorbet 11
3. Vegyes bogyós szorbet 13
4. Eper és kamilla sorbet 15
5. Eper, ananász és narancs sorbet 17
6. Banános-epres sorbet 19
7. Málna szorbet 21
8. Tristar eper sorbet 23
EGZOTIKUS SZORBET 25
9. Sorbete de Jamaica 26
10. Passion Fruit Sorbet 28
11. Kiwi Sorbet 30
12. Birsalma sorbet 32
13. Guava sorbet 35
14. Gránátalma gyömbér szorbet 37
15. Trópusi gyümölcs szorbet 39
16. Açaí Sorbet 41
17. Trópusi Margarita Sorbet 43
18. Licsi rózsa szorbet 45
19. Papaya Lime Sorbet 47
20. Guava passiógyümölcs szorbet 49
GYÜMÖLCSSZORBET 51
21. Csonthéjas gyümölcs szorbet 52
22. A tó asszonya 54
23. Avokádó szorbet 56
24. Mangó sorbet 58
25. Fűszeres Tamarind Candy Sorbet 60
26. Áfonya alma szorbet 63

27. Görögdinnye szorbet..65
28. Kaktusz lapátsorbet ananászsal és lime-mal..................67
29. Avokádó-passiógyümölcs sorbet..................................69
30. Soursop sorbet..71
31. Friss ananász szorbet..73
32. Fehér őszibarack sorbet..75
33. Körte sorbet...77
34. Concord szőlősorbet...79
35. Deviled Mango Sorbet..81
36. Sárgabarack szorbet...83
37. Bing cseresznye szorbet...85
38. Kantalupe szorbet..87
39. Cseresznye szorbet..89
40. Áfonyalé szorbet..91
41. Mézharmat sorbet..93
42. Marcel Desaulnier banánsorbetje................................95
43. Őszibarack, sárgabarack vagy körte szorbet................97
44. Sorbet de Poire..99
45. Cukor nélküli alma szorbet.......................................101
CITRUSSZORBET...103
46. Grapefruit szorbet..104
47. Yuzu Citrus szorbet..107
48. Oaxacai lime sorbet..109
49. Frissítő lime sorbet...111
50. Citrom sorbet...113
51. Grapefruit és Gin Sorbet..115
52. Dinnye és lime szorbet...117
53. Citrom és Chutney Sorbet..119
54. Pink Limonádé és Oreo Sorbet.................................121
55. Rubin grapefruit sorbet..123
56. Mandarin narancs szorbet..125
57. Krémes író-citrom szorbet.......................................127
58. Citruspaprika sorbet...129
59. Kókuszlime szorbet..131
60. Lime Sorbet...133

61. Mézes citrom szorbet...135
NÖVÉNY- ÉS VIRÁGSZORBET...137
62. Moringa & Blueberry Sorbet...138
63. Alma és menta szorbet..140
64. Állandó megjegyzés Sorbet...142
65. Korianderes avokádó lime sorbet..144
66. Zöld tea sorbet...146
67. Earl Grey tea szorbet..148
68. Jázmin tea sorbet..150
69. Ananász-füves sorbet...152
70. Levendula szorbet...154
71. Rose Sorbet..156
72. Hibiszkusz szorbet..158
73. Bodza szorbet..160
DIÓSZORBET..162
74. Mandula S orbet..163
75. Sorbet rizspogácsával és vörösbabtésztával......................165
76. Pisztácia szorbet...167
77. Mogyorós csokoládé szorbet..169
78. Kesudió kókusz szorbet..171
79. Diós juharsorbet...173
ALKOHOLOS SZORBET..175
80. Bellini Sorbet..176
81. Epres pezsgő szorbet..178
82. Applejack Sorbet en Casis...180
83. Hibiszkusz-Sangria Sorbet..182
84. Pezsgős koktél sorbet...185
85. Sorbetek szivárványa...187
86. Lime Daiquiri Sorbet...189
87. Calvados Sorbet..191
ZÖLDSÉGSZORBET..193
88. Répaborscs szorbet...194
89. Paradicsom és bazsalikom szorbet.....................................196
90. Uborka-lime szorbet Serrano Chilével...............................198
91. Red Bean Paste Sorbet..200

92. Kukorica és kakaó sorbet..202
93. Uborka menta szorbet..205
94. Pirított pirospaprika szorbet..207
95. Répa- és narancssorbet...209
LEVESSZORBET..211
96. Gazpacho szorbet..212
97. Csirkeleves és kapros szorbet..214
98. Sárgarépa gyömbér szorbet..216
99. Gomba Consommé Sorbet...218
100. Görögdinnye uborka szorbet..220
KÖVETKEZTETÉS..222

BEVEZETÉS

Üdvözöljük a "SZORBET: FRISSÍTŐ RECEPTEK A FAGYASZTOTT ÉLMEKHEZ" című kiadványban. Ebben a szakácskönyvben élettel teli és csábító ízek utazására invitálunk, amely a jeges kényeztetés világába repít. A szorbet zamatos gyümölcsprofiljukkal, krémes textúrájukkal és frissítő tulajdonságaikkal tökéletes csemege a forró nyári napokon, vagy bármikor, amikor egy kellemes fagyasztott desszertre vágyik. Akár gyakorlott sorbet-rajongó vagy, akár kezdő a házi készítésű fagyasztott finomságok világában, ez a szakácskönyv olyan könnyen követhető receptgyűjteményt tartalmaz, amely fejleszti sorbetkészítési készségeit, és izgalmas ízkombinációkat ismertet meg. Készüljön fel a természet édes élvezetére, és vágjon bele egy hűvös és finom kalandba ínycsiklandó sorbet receptjeink segítségével.

BOGYÓSZORBET

1. Eper sorbet Oreo sütivel

ÖSSZETEVŐK:

- 2 doboz Eper szirupban
- 2 teáskanál friss citromlé
- 1 teáskanál vanília esszencia
- 3 csésze negyedekre vágott friss eper
- 2 teáskanál cukor
- 2 evőkanál balzsamecet
- 4 Oreos, morzsolt

UTASÍTÁS:

a) Tegye a konzerv epret, a citromlevet és a vanília esszenciát egy turmixgépbe vagy konyhai robotgépbe, és pörgesse simára, körülbelül 1 percig.
b) Tegye át a keveréket egy fagylaltkészítőbe.
c) Eljárás a gyártó utasításai szerint.
d) Helyezze a friss epret egy közepes tálba.
e) Megszórjuk cukorral és alaposan összeforgatjuk.
f) Adjuk hozzá a balzsamecetet és óvatosan keverjük össze. Hagyjuk állni 15 percig, időnként megkeverjük.
g) Az eper sorbetet tálakba kanalazzuk. Osszuk el az epret sorbetre.
h) A tálban felgyülemlett levet kanalazzuk az eperre, majd szórjuk az eperre Oreos-t és tálaljuk.

2. Vörös málna szorbet

ÖSSZETEVŐK:

- 5 pint málna
- 1⅓ csésze cukor
- 1 csésze kukoricaszirup
- ½ csésze vodka

UTASÍTÁS:

a) Előkészítés A málnát robotgépben simára pürésítjük. Szitán átnyomkodjuk, hogy eltávolítsuk a magokat.

b) Főzés Egy 4 literes serpenyőben összekeverjük a málnapürét, a cukrot és a kukoricaszirupot, és közepesen magas lángon felforraljuk, kevergetve, hogy a cukor feloldódjon. Levesszük a tűzről, áttesszük egy közepes tálba, és hagyjuk kihűlni.

c) Lehűtés Helyezze a sorbet alapot a hűtőszekrénybe, és hűtse legalább 2 órát.

d) Fagyassza ki a sorbet alapot a hűtőből, és adja hozzá a vodkát. Vegye ki a fagyasztott kannát a fagyasztóból, szerelje össze a fagylaltgépet, és kapcsolja be. Öntse a sorbet alapot a kannába, és addig forgassa, amíg nagyon lágy tejszínhab állaga nem lesz.

e) Csomagolja a sorbetet egy tárolóedénybe. Nyomjon egy pergamenlapot közvetlenül a felülethez, és zárja le légmentesen záródó fedéllel.

f) Fagyassza le a fagyasztó leghidegebb részében, amíg meg nem szilárdul, legalább 4 órán keresztül.

3. Vegyes bogyós szorbet

ÖSSZETEVŐK:

- 3 csésze vegyes bogyók
- 1 csésze cukor
- 2 csésze víz
- 1 lime leve
- ½ teáskanál kóser só

UTASÍTÁS:

a) Egy tálban keverjük össze az összes bogyót és a cukrot. Hagyja a bogyókat szobahőmérsékleten 1 órán át macerálni, amíg kiengedi a levét.

b) Tegye át a bogyókat és a levét egy turmixgépbe vagy konyhai robotgépbe, és adja hozzá a vizet, a lime levét és a sót. Pulzáljon, amíg jól össze nem áll. Tedd egy edénybe, fedd le, és tedd hűtőbe hidegre, legalább 2 órára vagy akár egy éjszakára.

c) Fagyassza le és forgassa fagylaltkészítőben a gyártó utasításai szerint. A lágy állag érdekében a sorbetet azonnal tálaljuk; a szilárdabb állag érdekében tegyük át egy edénybe, fedjük le, és hagyjuk 2-3 órán át a fagyasztóban megszilárdulni.

4. Eper és kamilla sorbet

ÖSSZETEVŐK:

- ¾ csésze víz
- ½ csésze méz
- 2 evőkanál kamilla tea bimbó
- 15 nagy eper, fagyasztva
- ½ teáskanál őrölt kardamon
- 2 teáskanál friss mentalevél

UTASÍTÁS:

a) Forraljuk fel a vizet, és adjunk hozzá mézet, kardamomot és kamillát.
b) 5 perc múlva vegyük le a tűzről, és hűtsük le nagyon hidegre.
c) A fagyasztott epret aprítógépbe tesszük, és apróra vágjuk.
d) Adjuk hozzá a lehűtött szirupot, és keverjük nagyon simára.
e) Kikanalazzuk, és egy edényben tároljuk a fagyasztóban. Mentalevéllel tálaljuk.

5. Eper, ananász és narancs sorbet

ÖSSZETEVŐK:

- 1¼ font eper, hámozott és negyedelve
- 1 csésze cukor
- 1 csésze kockára vágott ananász
- ½ csésze frissen facsart narancslé
- 1 kis lime leve
- ½ teáskanál kóser só

UTASÍTÁS:

a) Egy tálban keverjük össze az epret és a cukrot.

b) Hagyja a bogyókat szobahőmérsékleten macerálni, amíg ki nem engedi a levét, körülbelül 30 percig.

c) Turmixgépben vagy konyhai robotgépben keverje össze az epret és a levét az ananásszal, a narancslével, a lime levével és a sóval. Püresítsd simára.

d) Öntse a keveréket egy tálba (ha a tökéletesen sima sorbetet szereti, öntse át a keveréket egy finom hálós szűrőn a tálra), fedje le, és hűtse le, legalább 2 órára vagy egy éjszakára.

e) Fagyassza le és forgassa fagylaltkészítőben a gyártó utasításai szerint.

f) A lágy állag érdekében a sorbetet azonnal tálaljuk; a szilárdabb állag érdekében tegyük át egy edénybe, fedjük le, és hagyjuk 2-3 órán át a fagyasztóban megszilárdulni.

6. Banános-epres sorbet

ÖSSZETEVŐK:

- 2 érett banán
- 2 evőkanál citromlé
- 1½ csésze fagyasztott (cukrozatlan) eper.
- ½ csésze almalé

UTASÍTÁS:

a) Vágja a banánt negyed hüvelykes szeletekre, kenje meg citromlével, tegye egy tepsire, és fagyassza le.

b) Miután megdermedt a banán, pürésítse a többi hozzávalóval a választott készülékben.

c) Azonnal tálaljuk kihűlt csészékben. A maradék nem fagy meg jól, de kellemes ízesítést ad a házi joghurtnak.

7. Málna szorbet

ÖSSZETEVŐK:

- 4 uncia kristálycukor
- 1 font friss málna, felengedve, ha fagyasztott
- 1 citrom

UTASÍTÁS:

a) Tegye a cukrot egy serpenyőbe, és adjon hozzá 150 ml/¼ pint vizet. Óvatosan kevergetve melegítjük, amíg a cukor fel nem oldódik. Növelje a hőt, és forralja gyorsan körülbelül 5 percig, amíg a keverék sziruposnak nem tűnik.

b) Levesszük a tűzről és hagyjuk kihűlni.

c) Közben a málnát aprítógépbe vagy turmixgépbe tesszük, és simára pürésítjük. A magvak eltávolításához tegyük át a keveréket nem fémes szitán.

d) Csavarja ki a citrom levét.

e) Öntse a szirupot egy nagy kancsóba, és keverje hozzá a málnapürét és a citromlevet.

f) Fedjük le és tegyük hűtőbe körülbelül 30 percre, vagy amíg jól kihűl.

g) Öntse a keveréket a fagylaltgépbe, és az utasításoknak megfelelően fagyassza le.

8. Tristar eper sorbet

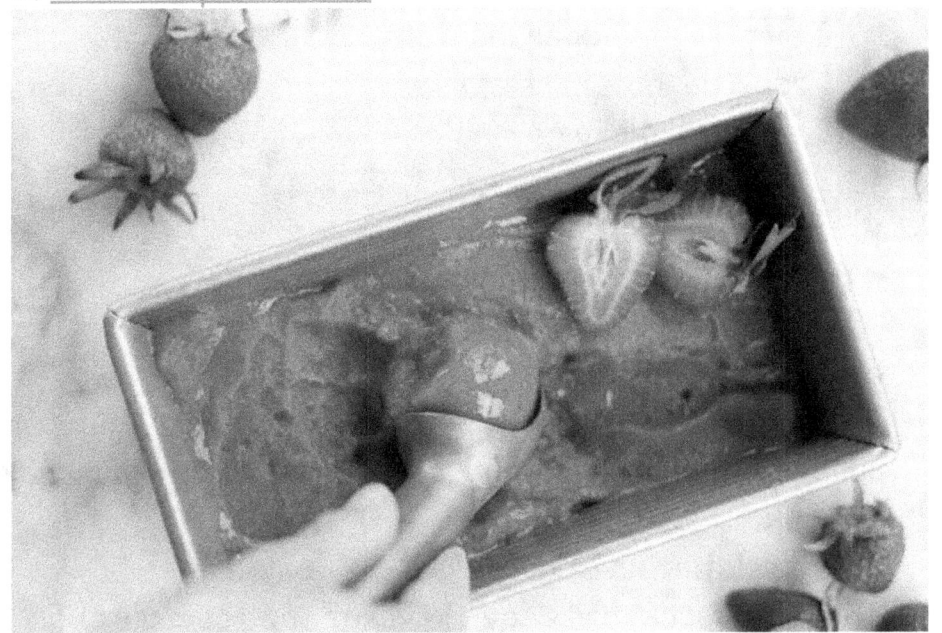

ÖSSZETEVŐK:

- 2 pint Tristar eper, hántolt
- 1 zselatin lap
- 2 evőkanál glükóz
- 2 evőkanál cukor
- $\frac{1}{8}$ teáskanál kóser só
- $\frac{1}{8}$ teáskanál citromsav

UTASÍTÁS:

a) Turmixgépben pürésítjük az epret. Szűrjük át a pürét egy finom szitán egy tálba, hogy a magokat szűrjük.
b) A zselatint kivirágozzuk.
c) Melegítsünk fel egy keveset az eperpüréből, és keverjük bele a zselatint, hogy feloldódjon. Keverje hozzá a maradék eperpürét, a glükózt, a cukrot, a sót és a citromsavat, amíg minden teljesen fel nem oldódik és beépül.
d) Öntse a keveréket a fagylaltgépbe, és fagyassza le a gyártó utasításai szerint. A sorbetet a legjobb közvetlenül tálalás vagy felhasználás előtt megpörgetni, de légmentesen záródó edényben a fagyasztóban akár 2 hétig is eláll.

EGZOTIKUS SZORBET

9. Sorbete de Jamaica

ÖSSZETEVŐK:

- 2½ csésze szárított jamaica levél
- 1 liter víz
- ½ uncia friss gyömbér, finomra vágott 1 csésze cukor
- 1 evőkanál frissen facsart lime lé
- 2 evőkanál limoncello

UTASÍTÁS:

a) Készítse el a teát. Helyezze a jamaica leveleket egy edénybe vagy tálba, forralja fel a vizet, és öntse a levelekre. Fedjük le és áztassuk 15 percig. Szűrje le a teát, és dobja ki a Jamaica leveleket.

b) Készítsd el a sorbet alapot. Tegye a gyömbért egy turmixgépbe, adjon hozzá 1 csésze teát, és turmixolja teljesen pürésítve, 1-2 perc alatt. Adjon hozzá még 1-½ csésze teát, és keverje össze újra.

c) A sorbet alapot egy edénybe öntjük, hozzáadjuk a cukrot, és kevergetve felforraljuk, hogy a cukor feloldódjon. Vegyük le az edényt a tűzről, amint a sorbet alap felforr. Keverjük hozzá a lime levét és hűtsük le. Hűtsük le az alapot, amíg el nem éri a 60 °F-ot.

d) Fagyassza le a sorbetet. Adjuk hozzá a limoncellót a kihűlt alaphoz, és öntsük egy fagylaltkészítőbe. Fagyassza le a gyártó utasítása szerint, amíg meg nem fagy, de még mindig latyakos, 20-30 percig.

10. Passion Fruit Sorbet

ÖSSZETEVŐK:

- 1 teáskanál porított zselatin
- 2 citrom
- 9 uncia kristálycukor
- 8 maracuja

UTASÍTÁS:

a) Mérjünk 2 evőkanál vizet egy kis tálba vagy csészébe, szórjuk rá a zselatint, és hagyjuk állni 5 percig. Csavarjuk ki a citrom levét.

b) Tegye a cukrot egy serpenyőbe, és adjon hozzá 300 ml/½ pint vizet. Óvatosan kevergetve melegítjük, amíg a cukor fel nem oldódik. Növelje a hőt, és forralja gyorsan körülbelül 5 percig, amíg a keverék sziruposnak nem tűnik.

c) Levesszük a tűzről, hozzáadjuk a citromlevet, majd a zselatint addig keverjük, amíg fel nem oldódik.

d) A passiógyümölcsöket félbevágjuk, és kiskanállal kikanalazzuk a szirupba a magokat és a pépet. Hagyjuk kihűlni.

e) Fedjük le és tegyük hűtőbe legalább 30 percre, vagy amíg jól kihűl.

f) A lehűtött szirupot egy nem fémes szitán szűrjük át, hogy eltávolítsuk a magokat.

g) Öntse a keveréket a fagylaltgépbe, és az utasításoknak megfelelően fagyassza le.

h) Helyezze át egy megfelelő edénybe, és fagyassza le, amíg szükséges.

11. Kiwi Sorbet

ÖSSZETEVŐK:

- 8 db kivi
- 1⅓ csésze egyszerű szirup
- 4 teáskanál friss citromlé

UTASÍTÁS:

a) Hámozzuk meg a kivit. Püré aprítógépben. Körülbelül 2 csésze püré kell.

b) Keverje hozzá az egyszerű szirupot és a citromlevet.

c) Öntse a keveréket a fagylaltkészítő edényébe, és fagyassza le. Kérjük, kövesse a gyártó használati útmutatóját.

12. Birsalma sorbet

ÖSSZETEVŐK:
- 1½ font érett birsalma (körülbelül 4 kicsi vagy közepes)
- 6 csésze víz
- 1 (3 hüvelykes) darab mexikói fahéj
- ¾ csésze cukor
- ½ citrom leve
- Csipet kóser só

UTASÍTÁS:
a) A birsalmát meghámozzuk, felnegyedeljük és kimagozzuk.
b) Tedd a darabokat egy serpenyőbe, és add hozzá a vizet, a fahéjat és a cukrot.
c) Főzzük fedő nélkül, közepes lángon, időnként megkeverve, amíg a birsalma nagyon megpuhul, körülbelül 30 percig, ügyelve arra, hogy a keverék mindig lassú tűzön legyen, és soha ne forrjon fel.
d) Vegyük le a tűzről, fedjük le, és hagyjuk hűlni 2-3 órán át; a szín ez idő alatt elsötétül.
e) Távolítsa el és dobja ki a fahéjat. A birsalma keveréket tedd turmixgépbe, add hozzá a citromlevet és a sót, és pürésítsd simára.
f) Öntse a keveréket egy tálra állított, finom szűrőn. Fedjük le és tegyük hűtőbe, amíg meg nem hűl, legalább 2 órára, vagy akár egy éjszakára.
g) Fagyassza le és forgassa fagylaltkészítőben a gyártó utasításai szerint.
h) A lágy állag érdekében a sorbetet azonnal tálaljuk; a szilárdabb állag érdekében tegyük át egy edénybe,

fedjük le, és hagyjuk 2-3 órán át a fagyasztóban megszilárdulni.

13. _Guava sorbet_

ÖSSZETEVŐK:

- 1 zselatin lap
- 325 g guava nektár [1¼ csésze]
- 100 g glükóz [¼ csésze]
- 0,25 g limelé [⅛ teáskanál]
- 1 g kóser só [¼ teáskanál]

UTASÍTÁS:

a) A zselatint kivirágozzuk.

b) Melegíts fel egy keveset a guava nektárból, és keverd bele a zselatint, hogy feloldódjon. Keverje hozzá a maradék guava nektárt, a glükózt, a lime levét és a sót, amíg minden teljesen fel nem oldódik és beépül.

c) Öntse a keveréket a fagylaltgépbe, és fagyassza le a gyártó utasításai szerint. A sorbetet a legjobb közvetlenül tálalás vagy felhasználás előtt megpörgetni, de légmentesen záródó edényben a fagyasztóban akár 2 hétig is eláll.

14. Gránátalma gyömbér szorbet

ÖSSZETEVŐK:
- 1 csésze kristálycukor
- ½ csésze víz
- 1 evőkanál durvára vágott friss gyömbér
- 2 csésze 100%-os gránátalmalé
- ¼ csésze St. Germain likőr választható

DÍSZÍT:
- friss gránátalma fahéj opcionális

UTASÍTÁS:
a) Keverje össze a cukrot, a vizet és a gyömbért egy kis serpenyőben. Forraljuk fel, mérsékeljük a hőt, és időnként kevergetve pároljuk, amíg a cukor teljesen fel nem oldódik. Tegyük egy edénybe, fedjük le, és hagyjuk teljesen kihűlni a hűtőszekrényben. Ez legalább 20-30 percet vagy tovább tart.

b) Miután az egyszerű szirup kihűlt, szűrjük át egy nagy keverőtálra állított, finom lyukú szitán. Dobja el a gyömbér darabokat. Adja hozzá a gránátalma levét és a St. Germain likőrt a szirupos tálba. Jól keverjük össze.

c) Forgassa össze a keveréket fagylaltkészítőben a gyártó utasításai szerint. A sorbet akkor van készen, ha sűrű latyakos állagára emlékeztet.

d) Tegye a sorbetet egy légmentesen záródó edénybe, fedje le a felületét műanyag fóliával, és fagyassza le további 4-6 órára, vagy ideális esetben egy éjszakán át. Tálaljuk és díszítsük friss gránátalmavirággal.

15. Trópusi gyümölcs szorbet

ÖSSZETEVŐK:

- 8 uncia apróra vágott vegyes gyümölcs, például mangó, papaya és ananász
- 5 ½ uncia porcukor
- 1 evőkanál limelé

UTASÍTÁS:

a) Döntse a gyümölcsöt egy robotgépbe vagy turmixgépbe. Adjuk hozzá a cukrot, a lime levét és 7 uncia vizet. Püré simára.

b) Tedd egy kancsóba, fedd le, és tedd hűtőbe körülbelül 30 percre, vagy amíg jól kihűl.

c) Öntse a keveréket a fagylaltgépbe, és az utasításoknak megfelelően fagyassza le.

d) Helyezze át egy megfelelő edénybe, és fagyassza le, amíg szükséges.

16. Açaí Sorbet

ÖSSZETEVŐK:

- 2 csésze friss áfonya
- egy mész
- 14 uncia fagyasztott tiszta, cukrozatlan Açaí bogyópüré
- ½ csésze cukor
- ⅔ csésze víz

UTASÍTÁS:

a) Kapcsolja fel a tűzhelyet közepes fokozatra, és forralja fel a vizet egy kis serpenyőben. Ha felforrt, öntsük bele a cukrot és keverjük össze, hogy teljesen feloldódjon.

b) Amikor a cukor feloldódott, vegyük le a serpenyőt a tűzhelyről, és keverjünk bele egy kis lime héjat. Hagyja ezt oldalra hűlni, amíg a sorbet többi részét megdolgoztatja.

c) Vegye ki a turmixgépet, és tegye bele az Açaí bogyó pépet, az áfonyát és a 2 evőkanál lime levét. Nyomja meg a „keverés" gombot, és pürésítse a keveréket, amíg szép és sima nem lesz.

d) Most adjuk hozzá a cukrot és a lime vizet a turmixgépbe, és ismét nyomjuk meg a „keverés" gombot.

e) Most, hogy a keverék tökéletesen összekeveredett, nyissa ki a fagylaltgépet, és öntse a tálba. Forgassa körülbelül 30 percig, vagy amíg a sorbet besűrűsödik.

f) Tegye a sorbetet egy edénybe, és tegye be a fagyasztóba. Legalább 2 óra kell, hogy megszilárduljon. Ekkor kényeztetheti magát egy kis sorbettel!

17. Trópusi Margarita Sorbet

ÖSSZETEVŐK:

- 1 csésze cukor
- 1 csésze maracuja püré
- 1½ font érett mangó, meghámozva, kimagozva és felkockázva
- 2 lime reszelt héja
- 2 evőkanál Blanco (fehér) tequila
- 1 evőkanál narancslikőr
- 1 evőkanál világos kukoricaszirup
- ½ teáskanál kóser só

UTASÍTÁS:

a) Egy kis serpenyőben keverjük össze a cukrot és a maracuja-pürét.

b) Közepes lángon forraljuk fel, kevergetve, hogy feloldódjon

c) cukor. Levesszük a tűzről és hagyjuk kihűlni.

d) Turmixgépben keverje össze a maracuja-keveréket, a kockára vágott mangót, a lime héját, a tequilát, a narancslikőrt, a kukoricaszirupot és a sót. Püresítsd simára. Öntsük a keveréket egy tálba, fedjük le, és tegyük hűtőbe, amíg ki nem hűl, legalább 4 órára vagy akár egy éjszakára.

e) Fagyassza le és forgassa fagylaltkészítőben a gyártó utasításai szerint. A lágy állag érdekében (szerintem a legjobb) azonnal tálaljuk a sorbetet; a szilárdabb állag érdekében tegyük át egy edénybe, fedjük le, és hagyjuk 2-3 órán át a fagyasztóban megszilárdulni.

18. Licsi rózsa szorbet

ÖSSZETEVŐK:

- 2 csésze konzerv licsi gyümölcs, lecsepegtetve
- ½ csésze cukor
- ¼ csésze víz
- 2 evőkanál rózsavíz
- 1 lime leve

UTASÍTÁS:

a) Turmixgépben vagy konyhai robotgépben keverje össze a licsi gyümölcsöt, a cukrot, a vizet, a rózsavizet és a lime levét. Keverjük simára.

b) Öntsük a keveréket egy fagylaltkészítőbe, és forgassuk össze a gyártó utasításai szerint.

c) Miután felvert, tegye át a sorbetet egy fedeles edénybe, és fagyassza le néhány órára, hogy megszilárduljon.

d) Tálalja a licsi rózsa sorbetet hűtött tálakba vagy poharakba, hogy finom és virágos desszertet kapjon.

19. Papaya Lime Sorbet

ÖSSZETEVŐK:

- 2 csésze érett papaya, meghámozva és felkockázva
- $\frac{1}{2}$ csésze cukor
- $\frac{1}{4}$ csésze víz
- 2 lime leve
- Lime héj a díszítéshez (elhagyható)

UTASÍTÁS:

a) Turmixgépben vagy konyhai robotgépben keverje össze a felkockázott papayát, cukrot, vizet és lime levét. Keverjük simára.

b) Öntsük a keveréket egy fagylaltkészítőbe, és forgassuk össze a gyártó utasításai szerint.

c) Miután felvert, tegye át a sorbetet egy fedeles edénybe, és fagyassza le néhány órára, hogy megszilárduljon.

d) A papaya lime sorbetet hűtött tálakba vagy poharakba tálaljuk.

e) Díszítsük lime héjával, ha szükséges, hogy frissítő és csípős desszertet kapjunk.

20. Guava passiógyümölcs szorbet

ÖSSZETEVŐK:

- 2 csésze guava pép (friss vagy fagyasztott)
- ½ csésze maracuja pép (friss vagy fagyasztott)
- ½ csésze cukor
- 1 lime leve

UTASÍTÁS:

a) Turmixgépben vagy konyhai robotgépben keverje össze a guava pépet, a maracuja pépet, a cukrot és a lime levét. Keverjük simára.

b) Öntsük a keveréket egy fagylaltkészítőbe, és forgassuk össze a gyártó utasításai szerint.

c) Miután felvert, tegye át a sorbetet egy fedeles edénybe, és fagyassza le néhány órára, hogy megszilárduljon.

d) Tálalja a guava passiógyümölcs sorbetet hűtött tálakba vagy poharakba, hogy édes és csípős trópusi desszertet kapjon.

GYÜMÖLCSSZORBET

21. Csonthéjas gyümölcs szorbet

ÖSSZETEVŐK:

- 2 kiló csonthéjas gyümölcsök, kimagozva
- ⅔ csésze cukor
- ⅓ csésze világos kukoricaszirup
- ¼ csésze csonthéjas vodka

UTASÍTÁS:

a) Előkészítés A gyümölcsöt robotgépben simára pürésítjük.

b) Főzés A pürésített gyümölcsöt, a cukrot és a kukoricaszirupot egy 4 literes serpenyőben összekeverjük, és lassú tűzön felforraljuk, kevergetve, hogy a cukor feloldódjon. Levesszük a tűzről, áttesszük egy közepes tálba, és hagyjuk kihűlni.

c) Hűtés Szűrjük át a keveréket egy szitán egy másik tálba. Hűtőbe tesszük és legalább 2 órára hűtjük.

d) Fagyassza ki a sorbet alapot a hűtőből, és keverje hozzá a vodkát. Vegye ki a fagyasztott kannát a fagyasztóból, szerelje össze a fagylaltgépet, és kapcsolja be. Öntse a sorbet alapot a kannába, és addig forgassa, amíg nagyon lágy tejszínhab állaga nem lesz.

e) Csomagolja a sorbetet egy tárolóedénybe. Nyomjon egy pergamenlapot közvetlenül a felülethez, és zárja le légmentesen záródó fedéllel. Fagyassza le a fagyasztó leghidegebb részében, amíg meg nem szilárdul, legalább 4 órán keresztül.

22. A tó asszonya

ÖSSZETEVŐK:
- ¼ csésze vodka vagy gin
- 2 evőkanál Sweet Cream Ice Cream
- 4 uncia gombóc csonthéjas gyümölcs szorbet
- 1 koktélkard

UTASÍTÁS:

a) Rázza fel a vodkát és a fagylaltot shakerben, amíg a fagylalt fel nem olvad és beépül.
b) Helyezze a gombóc sorbetet egy lehűtött pohárba.
c) Öntse körbe a vodkát, és tálalja.

23. Avokádó szorbet

ÖSSZETEVŐK:

- 1 ½ csésze Swerve
- 4 csésze mandulatej, cukrozatlan
- 4 érett avokádó, hámozott, kimagozott és felvágott
- 2 teáskanál mangó kivonat
- 1 teáskanál tengeri só, finom
- 4 evőkanál limelé

UTASÍTÁS:

a) Az összes hozzávalót turmixgépben turmixoljuk, amíg teljesen sima nem lesz.

b) Töltsük félig a fagylaltgépet a keverékkel, és dolgozzuk fel a gyártó utasításai szerint.

24. Mangó sorbet

ÖSSZETEVŐK:

- 1 citrom leve
- ½ narancs leve
- ½ csésze szuperfinom cukor
- 2 nagy érett mangó
- 1 nagy tojásfehérje, felverve

UTASÍTÁS:

a) A gyümölcsleveket összekeverjük a cukorral. A mangót meghámozzuk és kimagozzuk, majd a húsát turmixgépben pürésítjük. Tegyük át egy nagy tálba, és keverjük hozzá a gyümölcslevet. Belekeverjük a felvert tojásfehérjét.

b) Öntsük fagylaltkészítőbe és dolgozzuk fel a gyártó utasításai szerint, vagy öntsük fagyasztóedénybe és fagyasszuk le kézi keverési módszerrel.

c) Amikor a sorbet megszilárdult, fagyassza le egy fagyasztótartályban 15 percig, vagy tálalásig. Ha szükséges, tálalás előtt vegyük ki a fagyasztóból 5-10 percre, hogy megpuhuljon. Önmagában vagy néhány mangószelettel és málnaszósszal tálaljuk.

d) Ezt a sorbetet a legjobb frissen fogyasztani, de akár 1 hónapig is lefagyasztható.

25. Fűszeres Tamarind Candy Sorbet

ÖSSZETEVŐK:

- 2 uncia tamarind hüvely
- 1 csésze víz, szükség esetén még több
- 1 csésze cukor
- 1 teáskanál kóser só
- 2-3 teáskanál őrölt piquín vagy árbol chili
- 3 uncia puha tamarind cukorka, darabokra tépve
- Chamoy (opcionális), a tetejére önteni

UTASÍTÁS:

a) Hámozza le a tamarindhüvely héját, és dobja ki őket a szálkás darabokkal együtt. Tegye a tamarind pépet és a vizet egy közepes serpenyőbe közepes lángon, és forralja fel. Csökkentse a hőt, és időnként megkeverve pároljuk, amíg a tamarind megpuhul, körülbelül 30 percig. Hagyjuk kihűlni.

b) Szűrjük át a keveréket egy tál fölé állított, finom hálós szűrőn, így a pépet és a folyadékot is megtakarítjuk. Mérje meg a folyadékot, és adjon hozzá több vizet, hogy $3\frac{1}{2}$ csésze legyen. A folyadékot visszaöntjük a serpenyőbe, hozzáadjuk a cukrot, és folyamatos keverés mellett addig főzzük, amíg a cukor fel nem oldódik.

c) Nyomd át a tamarind pépet a szűrőn (a kezed használata rendetlen lesz, de ez a legjobb módszer), és adj hozzá a serpenyőhöz. Keverje hozzá a sót és 1 teáskanál chilit, kóstolja meg, és adjon hozzá még annyit, amíg a keverék elegendő hőt nem kap, ne feledje, hogy a csípőssége kissé csökkenni fog, ha a sorbet megdermed. Fedjük le és tegyük hűtőbe legalább 4 órára vagy akár egy éjszakára.

d) Fagyassza le és forgassa fagylaltkészítőben a gyártó utasításai szerint. Ha már részben megfagyott, adjuk hozzá az édességet, majd folytassuk a feldolgozást, amíg megfagy. Tegye egy edénybe, fedje le, és hagyja a fagyasztóban megszilárdulni 2-3 órán keresztül. Ízlés szerint szarvassal megkenve tálaljuk.

26. Áfonya alma szorbet

ÖSSZETEVŐK:

- 2 Golden Delicious alma,
- Hámozott,
- Kimagozva és durvára vágva
- 2 csésze áfonyalé

UTASÍTÁS:

e) Egy közepes méretű serpenyőben keverje össze az almát és a gyümölcslevet. Forrásig melegítjük.

f) Csökkentse a hőt, hogy pároljuk, fedjük le, és főzzük 20 percig, vagy amíg az alma nagyon megpuhul.

g) Fedjük le és tegyük félre szobahőmérsékletűre hűlni.

h) Aprítógépben vagy turmixgépben az almát és a levét simára pürésítjük.

i) Öntsük a fagylaltkészítőbe, és dolgozzuk fel sorbetté a gyártó utasításait követve. (ugorjon a 9-re) VAGY 6. Ha nem használ fagylaltkészítőt, öntse a pürét egy 9"-es négyzet alakú serpenyőbe. Fedje le, és fagyassza le, amíg részlegesen megfagy – körülbelül 2 óra.

j) Közben hűts le egy nagy tálat és egy elektromos mixer habverőjét.

k) Helyezze a pürét egy lehűtött tálba, és alacsony sebességgel verje addig, amíg a darabok fel nem törnek, majd nagy sebességgel verje simára és bolyhosra – körülbelül 1 perc.

l) Csomagolja a sorbetet egy fagyasztótartályba, és tálalás előtt néhány órával fagyassza le.

27. Görögdinnye szorbet

ÖSSZETEVŐK:

- 1 ½ kiló görögdinnye, magvak és héj nélkül mérve
- 1 ¼ csésze kristálycukor
- 2 fahéj rúd
- 2 evőkanál koriandermag, összetörve
- 3 evőkanál citromlé

UTASÍTÁS:

a) Csökkentse a görögdinnye húsát pürévé.

b) Egy nehéz alapú serpenyőben oldjunk fel cukrot 2 csésze vízben. Adjunk hozzá fahéjrudakat és koriandermagot, és forraljuk 5 percig. Fedjük le és hagyjuk állni, amíg ki nem hűl.

c) Szűrjük a szirupot a görögdinnyepürébe, és keverjük hozzá citromlével. Öntsük a keveréket egy edénybe. Fedjük le, és 45 perces időközönként 3-szor verjük keményre.

d) Körülbelül 30 perccel tálalás előtt tegyük át a sorbetet a hűtőbe.

28. Kaktusz lapátsorbet ananásszal és lime-mal

ÖSSZETEVŐK:

- ¾ font kaktuszlapát (nopales), megtisztítva
- 1½ csésze durva tengeri só
- ¼ csésze frissen facsart limelé
- 1½ csésze kockára vágott ananász (kb. ½ ananász)
- 1 csésze cukor
- ¾ csésze víz
- 2 evőkanál méz

UTASÍTÁS:

a) Vágja a megtisztított kaktuszlapátokat nagyjából 1 hüvelykes négyzetekre. Egy tálban dobd meg a kaktuszt a sóval.

b) Tegye félre szobahőmérsékleten 1 órára; a só kivonja a természetes iszapot a kaktuszból.

c) Tegye át a kaktuszt egy szűrőedénybe, és öblítse le hideg folyóvíz alatt, hogy eltávolítsa az összes sót és iszapot. Jól lecsepegtetjük.

d) Turmixgépben a kaktuszt, a lime levét, az ananászt, a cukrot, a vizet és a mézet simára pürésítjük.

e) Öntsük a keveréket egy tálba, fedjük le, és tegyük hűtőszekrénybe, amíg ki nem hűl, legalább 2 órára vagy legfeljebb 5 órára.

f) Fagyassza le és forgassa fagylaltkészítőben a gyártó utasításai szerint.

g) A lágy állag érdekében a sorbetet azonnal tálaljuk; a szilárdabb állag érdekében tegyük át egy edénybe, fedjük le, és hagyjuk 2-3 órán át a fagyasztóban megszilárdulni.

29. Avokádó-passiógyümölcs sorbet

ÖSSZETEVŐK:

- 2 csésze friss vagy felengedett fagyasztott maracuja püré
- ¾ csésze plusz 2 evőkanál cukor
- 2 kis érett avokádó
- ½ teáskanál kóser só
- 1 evőkanál frissen facsart lime lé

UTASÍTÁS:

a) Egy kis serpenyőben keverje össze a maracujapürét és a cukrot.

b) Közepes lángon kevergetve főzzük, amíg a cukor fel nem oldódik.

c) Vegyük le a tűzről, és hagyjuk szobahőmérsékletre hűlni.

d) Az avokádót hosszában félbevágjuk. Távolítsuk el a magokat, és kanalazzuk a húst egy turmixgépbe vagy konyhai robotgépbe.

e) Adjuk hozzá a kihűlt maracuja-keveréket és a sót, és dolgozzuk simára, szükség szerint kaparjuk le a turmixedény vagy tál oldalát.

f) Adjuk hozzá a lime levét, és addig dolgozzuk, amíg össze nem áll. Öntsük a keveréket egy tálba, fedjük le, és tegyük hűtőbe, amíg meg nem hűl, körülbelül 2 órára.

g) Fagyassza le és forgassa fagylaltkészítőben a gyártó utasításai szerint.

h) A lágy állag érdekében a sorbetet azonnal tálaljuk; a szilárdabb állag érdekében tegyük át egy edénybe, fedjük le, és hagyjuk dermedni a fagyasztóban 2-3 órán keresztül.

30. Soursop sorbet

ÖSSZETEVŐK:

- 3 csésze friss savanyú pép (1 nagy vagy 2 kisebb gyümölcsből)
- 1 csésze cukor
- ⅔ csésze víz
- 1 evőkanál frissen facsart lime lé
- Csipet kóser só

UTASÍTÁS:

a) Egy nagy késsel hosszában kettévágjuk a soursop-ot. Egy kanál segítségével kanalazzuk ki a húst és a magokat egy mérőedénybe; összesen 3 csészére van szüksége. Dobja el a bőrt.

b) Egy tálban keverjük össze a tejfölt és a cukrot, majd fakanállal keverjük össze, amennyire csak lehet tördeljük a gyümölcsöt. Keverje hozzá a vizet, a lime levét és a sót.

c) Fedjük le és tegyük hűtőbe, amíg meg nem hűl, legalább 2 órára, vagy akár egy éjszakára.

d) Fagyassza le és forgassa fagylaltkészítőben a gyártó utasításai szerint.

e) A lágy állag érdekében a sorbetet azonnal tálaljuk; a szilárdabb állag érdekében tegyük át egy edénybe, fedjük le, és hagyjuk dermedni a fagyasztóban 2-3 órán keresztül.

31. Friss ananász szorbet

ÖSSZETEVŐK:

- 1 kis érett hawaii ananász
- 1 csésze egyszerű szirup
- 2 evőkanál friss citromlé

UTASÍTÁS:

a) Az ananászt meghámozzuk, kimagozzuk és felkockázzuk.

b) A kockákat robotgépbe tesszük, és nagyon simára és habosra dolgozzuk.

c) Keverje hozzá az egyszerű szirupot és a citromlevet.

d) Kóstoljuk meg, és ha szükséges, adjunk hozzá még szirupot vagy gyümölcslevet.

e) Öntse a keveréket a fagylaltkészítő edényébe, és fagyassza le.

f) Kérjük, kövesse a gyártó használati útmutatóját.

32. Fehér őszibarack sorbet

ÖSSZETEVŐK:

- 5 érett fehér őszibarack
- 1 zselatin lap
- ¼ csésze glükóz
- ½ teáskanál kóser só
- ⅛ teáskanál citromsav

UTASÍTÁS:

a) Az őszibarackot félbevágjuk és kimagozzuk. Tedd turmixgépbe, és pürésítsd sima és homogén állagúra 1-3 perc alatt.

b) A pürét finom szitán átpasszírozzuk egy közepes tálba.

c) Merőkanállal vagy kanállal nyomja meg a püré üledéket, hogy a lehető legtöbb levet vonja ki; csak néhány kanál szilárd anyagot dobjon ki.

d) A zselatint felvirágoztatjuk.

e) Melegítsünk fel egy keveset az őszibarackpüréből, és keverjük bele a zselatint, hogy feloldódjon. Keverje hozzá a maradék őszibarackpürét, a glükózt, a sót és a citromsavat, amíg minden teljesen fel nem oldódik és beépül.

f) Öntse a keveréket a fagylaltgépbe, és fagyassza le a gyártó utasításai szerint.

g) A sorbetet a legjobb közvetlenül tálalás vagy felhasználás előtt megpörgetni, de légmentesen záródó edényben a fagyasztóban akár 2 hétig is eláll.

33. Körte sorbet

ÖSSZETEVŐK:

- 1 zselatin lap
- 2⅓ csésze körtepüré
- 2 evőkanál glükóz
- 1 evőkanál bodzavirág szívélyes
- ⅛ teáskanál kóser só
- ⅛ teáskanál citromsav

UTASÍTÁS:

a) A zselatint kivirágozzuk.

b) A körtepürét felmelegítjük, és a zselatint habverővel feloldjuk. Keverje hozzá a maradék körtepürét, a glükózt, a bodzavirágot, a sót és a citromsavat, amíg minden teljesen fel nem oldódik és beépül.

c) Öntse a keveréket a fagylaltgépbe, és fagyassza le a gyártó utasításai szerint. A sorbetet a legjobb közvetlenül tálalás vagy felhasználás előtt megpörgetni, de légmentesen záródó edényben a fagyasztóban akár 2 hétig is eláll.

34. Concord szőlősorbet

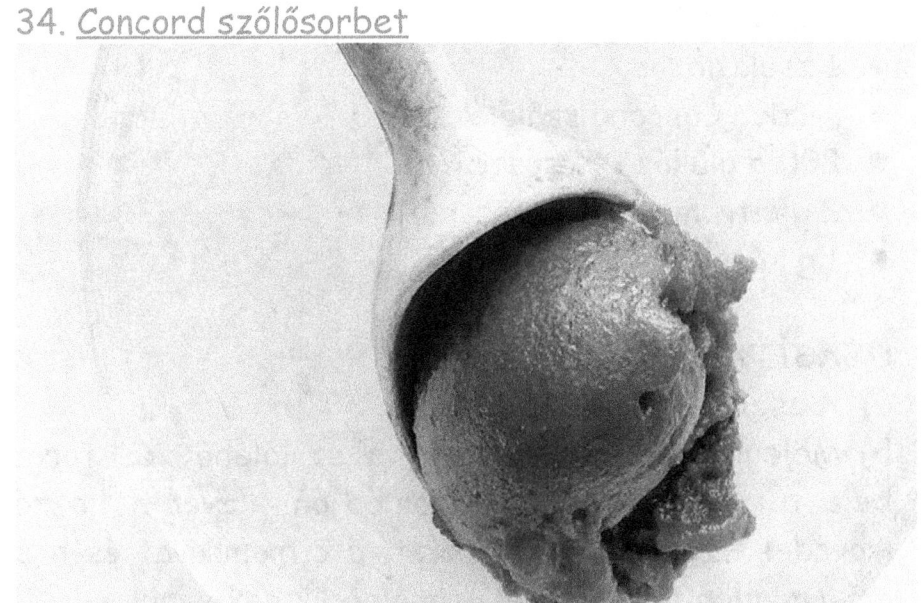

ÖSSZETEVŐK:

- 1 zselatin lap
- ½ adag Concord szőlőlé
- 200 g glükóz [½ csésze]
- 2 g citromsav [½ teáskanál]
- 1 g kóser só [¼ teáskanál]

UTASÍTÁS:

a) A zselatint felvirágoztatjuk.

b) Melegíts fel egy keveset a szőlőléből, és forgasd bele a zselatint, hogy feloldódjon. Keverje hozzá a maradék szőlőlevet, a glükózt, a citromsavat és a sót, amíg minden teljesen fel nem oldódik és beépül.

c) Öntse a keveréket a fagylaltgépbe, és fagyassza le a gyártó utasításai szerint. A sorbetet a legjobb közvetlenül tálalás vagy felhasználás előtt megpörgetni, de légmentesen záródó edényben a fagyasztóban akár 2 hétig is eláll.

35. Deviled Mango Sorbet

ÖSSZETEVŐK:

- ⅓ csésze víz
- 1 csésze cukor
- 2 piquín chili
- 5¾ csésze kiló érett mangó, meghámozva, kimagozva és felkockázva
- 1 lime leve
- ¾ teáskanál kóser só
- 1 teáskanál őrölt piquín chili vagy cayenne bors

UTASÍTÁS:

a) Egy kis lábasban keverjük össze a vizet és a cukrot. Közepes lángon forraljuk fel, kevergetve, hogy a cukor feloldódjon. Levesszük a tűzről, belekeverjük az egész chilit, és 1 órát hagyjuk hűlni.

b) Vegye ki és dobja ki a chilit a cukorszirupból. Turmixgépben keverjük össze a cukorszirupot és a felkockázott mangót, és pürésítsük simára. Adjuk hozzá a lime levét, a sót és az őrölt chilit, és keverjük össze.

c) Kóstolja meg a pürét, és ha kívánja, keverjen bele további őrölt chilit, ne feledje, hogy miután lefagyasztják, a sorbet íze kevésbé lesz csípős.

d) Öntse a keveréket egy tálra állított, finom szűrőn. Fedjük le és hűtsük le, legalább 4 órára, vagy akár egy éjszakára.

e) Fagyassza le és forgassa fagylaltkészítőben a gyártó utasításai szerint.

f) A lágy állag érdekében a sorbetet azonnal tálaljuk; a szilárdabb állag érdekében tegyük át egy edénybe, fedjük le, és hagyjuk 2-3 órán át a fagyasztóban megszilárdulni.

36. Sárgabarack szorbet

ÖSSZETEVŐK:

- ¾ font nagyon érett sárgabarack meghámozva és kimagozva
- 1 nagy citrom leve
- ½ csésze kristálycukor

UTASÍTÁS:

a) A sárgabarackot egy tálba pürésítjük. Hozzáadjuk a citromlevet, és dróthabverővel beleforgatjuk a cukrot.

b) Öntsük egy edénybe, fedjük le, és 45 perces időközönként 3-szor verjük keményre.

c) Körülbelül 30 perccel tálalás előtt tegyük át a sorbetet a hűtőbe.

37. Bing cseresznye szorbet

ÖSSZETEVŐK:

- 2 doboz magozott sötét édes Bing cseresznye
- 4 evőkanál friss citromlé
- Fagyassza le a bontatlan cseresznyekonzervet, amíg megszilárdul, körülbelül 18 órán keresztül.

UTASÍTÁS:

a) Merítse a dobozt forró vízbe 1-2 percre.
b) Nyissa ki és öntse a szirupot egy konyhai robotgép tálba.
c) Helyezze a gyümölcsöt egy vágófelületre, és vágja kockákra.
d) Tálba adjuk és simára pürésítjük.
e) Hozzáadjuk a citromlevet, és alaposan összedolgozzuk.
f) Fedjük le és fagyasszuk le tálalásig, legfeljebb 8 óráig.

38. Kantalupe szorbet

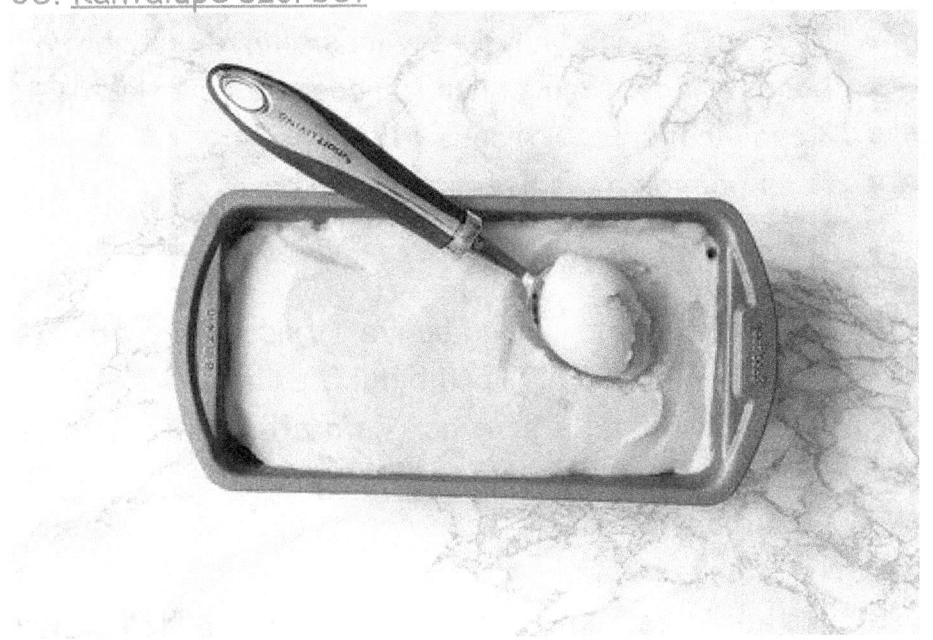

ÖSSZETEVŐK:

- 1 közepes sárgadinnye vagy más dinnye, kimagozva
- 1 csésze egyszerű szirup (a recept a következő)
- 2 evőkanál friss citromlé
- friss bogyók a díszítéshez

UTASÍTÁS:

a) Vágja az érett sárgadinnyét frissen kockákra, és robotgépben pürésítse körülbelül 3 csésze méretűre.

b) Keverjük hozzá a szirupot és a citromlevet. Kóstolja meg alaposan.

c) Ha a dinnye nem teljesen érett, érdemes még egy kis szirupot hozzáadni.

d) Fedjük le és fagyasszuk le a gyümölcspürét jégkocka tálcákban [2,5 tálcára volt szükségünk].

e) Ha megdermedt, egyszerre több kockát tegyünk a robotgépbe és pürésítsük simára.

f) Annyi kockát dolgozzon fel, amennyit csak szeretne, és élvezze!

39. Cseresznye szorbet

ÖSSZETEVŐK:
- Három 16 unciás doboz magozott Bing cseresznye nehéz szirupban
- 2 csésze egyszerű szirup
- ¼ csésze friss citromlé
- ¼ csésze víz

UTASÍTÁS:
a) A cseresznyét lecsepegtetjük, 2 evőkanálnyi szirupot lefedve. Tegye át a cseresznyét egy malomba.

b) Keverje hozzá a cseresznyeszirupot, az egyszerű szirupot, a citromlevet és a vizet.

c) Öntse a keveréket a fagylaltkészítő edényébe, és fagyassza le. Kérjük, kövesse a gyártó használati útmutatóját.

40. Áfonyalé szorbet

ÖSSZETEVŐK:

- 3 csésze plusz 6 evőkanál konzerv vagy palackozott áfonyalé
- ½ csésze plusz 1 evőkanál egyszerű szirup

UTASÍTÁS:

a) Keverjük össze az áfonyalevet és az egyszerű szirupot.

b) Öntse a keveréket a fagylaltkészítő edényébe, és fagyassza le. Kérjük, kövesse a gyártó használati útmutatóját.

41. Mézharmat sorbet

ÖSSZETEVŐK:

- 1 nagy érett mézharmat dinnye
- ½ csésze cukorszirup
- 6 evőkanál friss limelé
- 6 vékony lime szelet a díszítéshez
- 6 szál friss menta a díszítéshez

SZIRUP:

- ½ csésze víz
- 1 csésze cukor

UTASÍTÁS:

a) A sziruphoz keverjük össze a vizet és a cukrot egy lábasban. Közepes lángon addig keverjük, amíg a cukor fel nem oldódik.

b) Növeljük a hőt és forraljuk fel. Keverés nélkül forraljuk 5 percig.

c) Hűtsük le a szirupot, majd fedjük le és tegyük hűtőbe, amíg szükséges.

d) A dinnyét meghámozzuk, kimagozzuk és feldaraboljuk. Aprítógépben pürésítjük (kb. 4 csésze.) Egy tálban keverjük össze a pürét, a cukorszirupot és a lime levét.

e) Fagyassza le a fagylaltkészítőben az utasításoknak megfelelően. Ezután fagyasztóba tesszük 2-3 órára, hogy megszilárduljon.

f) Lime szelettel és mentával díszítjük.

42. Marcel Desaulnier banánsorbetje

Kitermelés: 1 ¾ liter

ÖSSZETEVŐK:

- 2 csésze víz
- 1 ½ csésze kristálycukor
- 3 kiló banán, hámozatlan
- 2 evőkanál friss citromlé

UTASÍTÁS:

a) Melegítsük fel a vizet és a cukrot egy nagy serpenyőben, közepes lángon.
b) Habverővel, hogy a cukor feloldódjon. Forraljuk fel a keveréket, és forraljuk, amíg kissé besűrűsödik, és $2\frac{1}{4}$ csészére csökken, körülbelül 15 percig.
c) Amíg a cukor és a víz sziruppá forraljuk, a banánt meghámozzuk.
d) Rozsdamentes acél edényben, lyukas kanál segítségével törje össze durva állagúra (a kihozatal körülbelül 3 csésze legyen). A forrásban lévő szirupot a pépesített banánra öntjük.
e) Hűtsük le jeges vízfürdőben 40-45 °F hőmérsékletre, körülbelül 15 percig.
f) Ha kihűlt, hozzáadjuk a citromlevet. Fagyassza le fagylalt fagyasztóban a gyártó utasításait követve.
g) Tegye át a félig fagyasztott sorbetet egy műanyag edénybe, fedje le szorosan a tartályt, majd tálalás előtt tegye a fagyasztóba néhány órára.
h) 3 napon belül tálaljuk.

43. Őszibarack, sárgabarack vagy körte szorbet

ÖSSZETEVŐK:

- 2 (15 uncia) doboz félbarack, sárgabarack, ill
- fél körte nehéz szirupban
- 1 evőkanál körte pálinka vagy amaretto (elhagyható)

UTASÍTÁS:

a) Fagyassza le a bontatlan gyümölcskonzerveket 24 órán keresztül.

b) Vegye ki a dobozokat a fagyasztóból; merítse őket forró vízbe 1 percre.

c) Nyitott dobozok; óvatosan öntse az olvadt szirupot turmixgépbe vagy konyhai robotgépbe; távolítsa el a gyümölcsöt a dobozból; darabokra vág.

d) Adja hozzá a turmixgéphez. Simára dolgozzuk.

e) Adjunk hozzá likőrt; feldolgozzuk, amíg össze nem keverjük. Tegye át egy tartályba. Borító; tálalásig lefagyasztjuk.

44. Sorbet de Poire

ÖSSZETEVŐK:
- Konzerv vagy friss körte
- Citromlé
- 1 ¾ csésze kristálycukor
- 1 csésze víz
- 2 tojásfehérje

UTASÍTÁS:

a) Keverjen össze annyi konzerv vagy friss körtét, amelyet 1 citrom levével 10 percig pirítottak, hogy 2 csésze pürét kapjon.

b) Keverjük össze a cukrot és a vizet, és forraljuk 5 percig. Összekeverjük a pürével és teljesen kihűtjük.

c) A tojásfehérjét kemény habbá verjük, és 1 citrom levével (ha több citromra van szükség) a körte keverékhez adjuk.

d) Fagyassza le egy mechanikus fagyasztótálcában, szükség szerint keverje meg.

45. Cukor nélküli alma szorbet

ÖSSZETEVŐK:

- 3 csésze cukrozatlan almalé
- Egy 6 uncia doboz cukrozatlan sűrített almalé
- 3 evőkanál friss citromlé

UTASÍTÁS:

a) Helyezze az almalé-koncentrátumot és a citromlevet a gép edényébe, és fagyassza le.

CITRUSSZORBET

46. Grapefruit szorbet

ÖSSZETEVŐK:

- 4 grapefruit
- 3 evőkanál friss citromlé
- ½ csésze világos kukoricaszirup
- ⅔ csésze cukor
- Választható aromás: Néhány ág tárkony, bazsalikom vagy levendula; vagy ½ fél vaníliarúd hasított; magok eltávolítva
- ¼ csésze vodka

UTASÍTÁS:

a) Előkészítés Hámozóval távolítsunk el 3 csík héjat 1 grapefruitról. Vágja félbe az összes grapefruitot, és facsarjon ki 3 csésze gyümölcslevet.

b) Főzés Egy 4 literes serpenyőben összekeverjük a grapefruit levét, héját, citromlevet, kukoricaszirupot és cukrot, és kevergetve felforraljuk, hogy a cukor feloldódjon. Tegyük át egy közepes tálba, adjuk hozzá az aromákat, ha használjuk, és hagyjuk kihűlni.

c) Lehűtjük Távolítsuk el a grapefruit héját. Tegye a sorbet alapot a hűtőbe, és hűtse legalább 2 órára.

d) Lefagyasztás Vegye ki a sorbet alapot a hűtőszekrényből, és szűrje le az aromás anyagokat. Adjuk hozzá a vodkát. Vegye ki a fagyasztott kannát a fagyasztóból, szerelje össze a fagylaltgépet, és kapcsolja be. Öntse a sorbet alapot a kannába, és addig forgassa, amíg nagyon lágy tejszínhab állaga nem lesz.

e) Csomagolja a sorbetet egy tárolóedénybe. Nyomjon egy pergamenlapot közvetlenül a felülethez, és zárja le légmentesen záródó fedéllel. Fagyassza le a fagyasztó leghidegebb részében, amíg meg nem szilárdul, legalább 4 órán keresztül.

47. Yuzu Citrus szorbet

ÖSSZETEVŐK:

- 1 citrom
- 1 yuzu citrus
- 6 evőkanál cukor
- $\frac{1}{4}$ yuzu citrusfélék héja
- 250 ml víz

UTASÍTÁS:

a) A citromot és a yuzu citrusféléket félbevágjuk, és mindkettő levét.

b) Egy edényben keverjük össze a citromlevet, a yuzu citruslevet és a cukrot, majd melegítsük fel.

c) Adjunk hozzá 150 ml vizet, és keverjük össze, hogy a cukor feloldódjon.

d) Öntse a keveréket az edényből egy edénybe, majd adjon hozzá 100 ml vizet, hogy lehűtse.

e) Ha kihűlt, tegyük a fagyasztóba körülbelül 3 órára, hogy megdermedjen.

f) Miután a keverék megdermedt és megszilárdult, tedd át egy konyhai robotgépbe, és dolgozd fel.

g) Tegye át a keveréket egy edénybe, és tegye ismét a fagyasztóba körülbelül 1 órára, majd vegye ki, röviden keverje meg, és tegye tálalóedényekre.

h) Tetejét reszelt yuzu citrushéjjal megkenjük és tálaljuk.

48. Oaxacai lime sorbet

ÖSSZETEVŐK:

- 12 Key lime, mosva és szárítva
- 1 csésze cukor
- 3¾ csésze víz
- 1 evőkanál világos kukoricaszirup
- Csipet kóser só

UTASÍTÁS:

a) A lime héját lereszeljük úgy, hogy a lehető legtöbb zöld héjat eltávolítjuk, és kerüljük a fehér magot.

b) Turmixgépben vagy konyhai robotgépben keverje össze a héjat és a cukrot, és 4-5-ször pulóverezze ki a természetes olajok kinyeréséhez.

c) A cukros keveréket öntsük egy tálba, adjuk hozzá a vizet, a kukoricaszirupot és a sót, és keverjük addig, amíg a cukor fel nem oldódik.

d) Fedjük le és tegyük hűtőbe legalább 2 órára, de legfeljebb 4 órára.

e) Fagyassza le és forgassa fagylaltkészítőben a gyártó utasításai szerint.

f) A lágy állag érdekében a sorbetet azonnal tálaljuk; a szilárdabb állag érdekében tegyük át egy edénybe, fedjük le, és hagyjuk 2-3 órán át a fagyasztóban megszilárdulni.

49. Frissítő lime sorbet

ÖSSZETEVŐK:

- 6 viaszmentes, sötétzöld lédús lime
- 1-1 ¼ csésze szuperfinom cukor
- 1 csésze víz
- lime- vagy mentalevél, díszítéshez

UTASÍTÁS:

a) 2 lime héját finomra reszeljük egy tálba, majd hozzáadjuk az összes lime levét.

b) Adjuk hozzá a cukrot és a vizet a tálba, és hűvös helyen 1-2 órán át állni hagyjuk, időnként megkeverve, amíg a cukor feloldódik.

c) Öntse a keveréket egy fagylaltkészítőbe, és dolgozza el a gyártó utasításai szerint, vagy kézzel keverje össze

d) Ha megszilárdult, tálalás előtt fagyasszuk le 15 percre, vagy akár több órára egy fagyasztótartályban. Ha hosszabb ideig fagyasztjuk, tálalás előtt 10 perccel vegyük ki a fagyasztóból, hogy megpuhuljon. Ez a sorbet akár 3 hétig is lefagyasztható, de érdemes minél előbb elfogyasztani.

e) Ezzel a recepttel 10 lime héjat töltünk meg. A tálaláshoz ügyesen távolítsa el a lime felső harmadát, és dörzsárral vagy kézi facsaróval facsarja ki a levét egy tálba, ügyelve arra, hogy a héj ne hasadjon szét.

f) Vágja ki és dobja ki a maradék pépet. A sorbetet a héjakba kanalazzuk, és tálalásig lefagyasztjuk.

g) Adjon hozzá egy lime- vagy mentalevelet minden töltött limehéj díszítéséhez.

50. Citrom sorbet

ÖSSZETEVŐK:

- 2 nagy lédús, viaszmentes citrom, megmosva
- ½ csésze szuperfinom cukor
- 1 ½ csésze forrásban lévő víz

UTASÍTÁS:

a) A citrom héját egy tálba finomra reszeljük. Facsarj bele a citromlevet (legalább ¾ csésze) a tálba, és add hozzá a cukrot és a vizet. Jól összekeverjük, és hűvös helyen 1-2 órát pihentetjük, időnként megkeverve, amíg a cukor fel nem oldódik. Hideg.

b) Öntse a keveréket egy fagylaltkészítőbe, és dolgozza fel a gyártó utasításai szerint, vagy öntse fagyasztóedénybe és fagyassza le a kézi keverési módszert követve.

c) Amikor a sorbet megszilárdult, fagyassza le egy fagyasztótartályban 15-20 percig, vagy tálalásig. Ha szükséges, tálalás előtt 10 perccel hűtőbe tesszük, hogy megpuhuljon.

d) Ez a sorbet nem lesz jó, ha 2-3 hétnél tovább fagyasztják.

51. Grapefruit és Gin Sorbet

ÖSSZETEVŐK:

- 5½ uncia kristálycukor
- 18 uncia grapefruitlé
- 4 evőkanál gin

UTASÍTÁS:

a) Tegye a cukrot egy serpenyőbe, és adjon hozzá 300 ml/½ pint vizet. Óvatosan kevergetve melegítjük, amíg a cukor fel nem oldódik. Növelje a hőt, és forralja gyorsan körülbelül 5 percig, amíg a keverék sziruposnak nem tűnik. Levesszük a tűzről és hagyjuk kihűlni.

b) A grapefruitlevet keverjük a sziruphoz.

c) Fedjük le és tegyük hűtőbe körülbelül 30 percre, vagy amíg jól kihűl. Keverje hozzá a gint.

d) Öntse a keveréket a fagylaltgépbe, és az utasításoknak megfelelően fagyassza le.

e) Helyezze át egy megfelelő edénybe, és fagyassza le, amíg szükséges.

52. Dinnye és lime szorbet

ÖSSZETEVŐK:

- 1 nagy dinnye
- 150 g/5½ uncia porcukor
- 2 kis lime

UTASÍTÁS:

a) A dinnyét félbevágjuk, kikanalazzuk, a magokat kidobjuk. Vágja ki a húst és mérje le – körülbelül 1 fontra lesz szüksége

b) Döntse a dinnye húsát egy konyhai robotgépbe vagy turmixgépbe; hozzáadjuk a cukrot és simára pürésítjük.

c) A lime-ot félbevágjuk és kifacsarjuk a levét. Adjuk hozzá a lime levét a dinnyés keverékhez, és rövid ideig pürésítsük.

d) Tedd egy kancsóba, fedd le, és tedd hűtőbe körülbelül 30 percre, vagy amíg jól kihűl.

e) Öntse a keveréket a fagylaltgépbe, és az utasításoknak megfelelően fagyassza le.

f) Tegye megfelelő edénybe vagy négy formába, és fagyassza le, amíg szükséges.

53. Citrom és Chutney Sorbet

ÖSSZETEVŐK:

- Egy 17 unciás üveg chutney
- 1 csésze forró víz
- 1 evőkanál friss citromlé

UTASÍTÁS:

a) Helyezze a chutney-t egy konyhai robotgépbe, és simán dolgozza fel az egységet. Járó gép mellett, szegény a forró vízben, aztán a citromlében.

b) Öntse a keveréket a fagylaltkészítő edényébe, és fagyassza le.

c) Kérjük, kövesse a gyártó használati útmutatóját. 15-20 perc.

54. Pink Limonádé és Oreo Sorbet

ÖSSZETEVŐK:

- 2 doboz Eper szirupban
- 2 teáskanál rózsaszín limonádé
- 1 teáskanál vanília esszencia
- 3 csésze negyedekre vágott friss eper
- 2 teáskanál cukor
- 2 evőkanál balzsamecet
- 4 Oreos, morzsolt

UTASÍTÁS:

a) Tegye turmixgépbe a konzerv epret, a rózsaszín limonádét és a vaníliaesszenciát, és pörgesse simára, körülbelül 1 percig.
b) Tegye át a keveréket egy fagylaltkészítőbe.
c) Eljárás a gyártó utasításai szerint.
d) Helyezze a friss epret egy közepes tálba.
e) Megszórjuk cukorral és alaposan összeforgatjuk.
f) Adjuk hozzá a balzsamecetet és óvatosan keverjük össze. Hagyjuk állni 15 percig, időnként megkeverjük.
g) Az eper sorbetet tálakba kanalazzuk. Osszuk el a friss eper keveréket a sorbetre.
h) Az eperre szórjuk az Oreót, és tálaljuk.

55. Rubin grapefruit sorbet

ÖSSZETEVŐK:

- 2 érett rubinvörös vagy rózsaszín grapefruit
- 1 csésze cukorszirup
- 4 evőkanál málna vagy áfonyalé

UTASÍTÁS:

a) A grapefruitokat félbevágjuk. Csavarja ki az összes levét (a héjakra ügyelve, ha benne kívánja tálalni a sorbetet), és keverje össze a sziruppal és a lével.

b) Óvatosan távolítsa el és dobja ki a héjban maradt pépet.

c) Öntse a keveréket fagylaltkészítőbe, és dolgozza fel a gyártó utasításai szerint, vagy öntse fagyasztóedénybe és fagyassza le kézi keverési módszerrel.

d) Amikor a sorbet megszilárdult, kanalazd a grapefruit héjába (ha használod) vagy egy fagyasztóedénybe, és fagyaszd le 15 percre, vagy tálalásig. Ha szükséges, tálalás előtt 5 perccel vegyük ki a fagyasztóból, hogy megpuhuljon. A grapefruit felét szeletekre vágva tálaljuk.

e) Ezt a sorbetet a legjobb a lehető leghamarabb elfogyasztani, de akár 3 hétig is lefagyasztható.

56. Mandarin narancs szorbet

ÖSSZETEVŐK:

- Öt 11 unciás doboz mandarin narancs könnyű szirupba csomagolva
- 1 csésze szuperfinom cukor
- 3 evőkanál friss citromlé

UTASÍTÁS:

a) A narancsot lecsepegtetjük, és 2 csésze szirupot tartalékolunk. A narancsot konyhai robotgépben pürésítjük. Keverje hozzá a fenntartott szirupot, a citromlevet és a cukrot.

b) Öntse a keveréket a fagylaltkészítő edényébe, és fagyassza le. Kérjük, kövesse a gyártó használati útmutatóját.

57. Krémes író-citrom szorbet

ÖSSZETEVŐK:

- 2 csésze zsírszegény író
- 1 csésze cukor
- 1 citrom héja
- $\frac{1}{4}$ csésze friss citromlé

UTASÍTÁS:

a) Egy nagy keverőtálban keverje össze az összes hozzávalót, amíg a cukor teljesen fel nem oldódik.

b) Fedjük le és tegyük hűtőbe körülbelül 4 órára, amíg nagyon hideg nem lesz.

c) Tegye át a keveréket egy fagylaltkészítőbe, és fagyassza le a gyártó utasításai szerint.

d) Tegye a sorbetet fagyasztható edénybe, és tálalás előtt legalább 4 órára fagyassza le.

58. Citruspaprika sorbet

ÖSSZETEVŐK:

- 3 Yellow Wax Csípős paprika, szár és magvak eltávolítva, apróra vágva
- 1 ¾ csésze víz
- 1 ¼ csésze cukor
- 3 narancs, meghámozva, a membránról eltávolított szeletekkel
- 2 evőkanál sötét rum
- 4 evőkanál friss citrom vagy limelé
- 3 evőkanál világos kukoricaszirup

UTASÍTÁS:

a) Egy serpenyőben keverjünk össze 1 ¼ csésze vizet a cukorral. Melegítsük, amíg a cukor fel nem oldódik. Forraljuk fel, vegyük le a tűzről, és hűtsük le szobahőmérsékletre. Hűtőbe tesszük 2 órára.

b) A többi hozzávalót ½ csésze vízzel pürésítjük. Hűtőbe tesszük 2 órára.

c) A cukros keveréket a gyümölcsbe keverjük, és az utasításoknak megfelelően lefagyasztjuk.

59. Kókuszlime szorbet

ÖSSZETEVŐK:

- 1 (15 uncia) doboz kókusztejszín
- ¾ csésze víz
- ½ csésze friss limelé
- Opcionális: ½ csésze apróra vágott maraschino cseresznye
- Díszítés: friss ananász, cseresznye, mangószelet, banán

UTASÍTÁS:

a) Egy tálban keverjük össze a hozzávalókat.
b) Ha cseresznyét ad hozzá, tegye meg most.
c) Fagyassza le a keveréket fagylaltkészítőben, a gyártó utasításai szerint.
d) Tegyük át a sorbetet egy légmentesen záródó edénybe, és tegyük be a fagyasztóba, hogy megdermedjen.
e) Tegyük tálalótálakba, és díszítsük friss gyümölccsel.

60. Lime Sorbet

4-6 adagot kapunk

ÖSSZETEVŐK:

- 3 csésze víz
- 1 ¼ csésze kristálycukor
- ¾ csésze világos kukoricaszirup
- 2/3 csésze friss limelé (4 nagy vagy 6 közepes lime)
- Lime szeletek a díszítéshez (elhagyható)

UTASÍTÁS:

a) Keverje össze a vizet a cukorral és a kukoricasziruppal egy nehéz serpenyőben. Nagy lángon kevergetve feloldódik a cukor.

b) Felforral. Csökkentse a hőt mérsékelt hőmérsékletre, és keverés nélkül hagyja 5 percig forralni.

c) Vegyük le a tűzről és hagyjuk kihűlni szobahőmérsékleten.

d) Belekeverjük a lime levét. Öntsük egy fém keverőtálba, és tegyük mélyhűtőbe, amíg megszilárdul. Tegye a habverőket a fagyasztóba, hogy kihűljön.

e) Vegye ki a lime keveréket a fagyasztóból. Fakanállal törjük szét. Alacsony sebességgel verjük csomómentesre.

f) Tegyük vissza a fagyasztóba, amíg újra megszilárdul. Újra felverjük hűtött habverővel

g) A sorbet sima állagban hetekig eláll a fagyasztóban. Citromlé helyettesíthető a lime leve, és zöld ételfestéket is adhatunk hozzá.

h) Gyönyörű a lime sorbet tiszta, letisztult megjelenése színezés nélkül, lime ékekkel díszítve.

61. Mézes citrom szorbet

ÖSSZETEVŐK:

- ½ csésze forró víz
- 2/3 csésze méz
- 1 evőkanál reszelt citromhéj
- 1 csésze friss citromlé
- 2 csésze hideg víz

UTASÍTÁS:

a) Helyezze a forró vizet, a mézet és a héjat a tálba. Addig keverjük, amíg a méz fel nem oldódik. Hozzákeverjük a citromlevet és a hideg vizet.

b) Öntse a keveréket a fagylaltkészítő edényébe, és fagyassza le. Kérjük, kövesse a gyártó használati útmutatóját

NÖVÉNY- ÉS VIRÁGSZORBET

62. Moringa & Blueberry Sorbet

ÖSSZETEVŐK:

- 1 teáskanál Moringa por
- 1 csésze fagyasztott áfonya
- 1 fagyasztott banán
- ¼ csésze kókusztej

UTASÍTÁS:

a) Tegye az összes hozzávalót turmixgépbe vagy konyhai robotgépbe, és turmixolja simára.

b) Ha szükséges, adjon hozzá több folyadékot.

63. Alma és menta szorbet

Körülbelül 4-6 adag

ÖSSZETEVŐK:

- 100 g/$3\frac{1}{2}$ uncia arany kristálycukor
- 5 nagy szál menta
- 425 ml/$\frac{3}{4}$ pint almalé

UTASÍTÁS:

a) Tegye a cukrot egy serpenyőbe, és adja hozzá a menta ágait és 300 ml/$\frac{1}{2}$ pint vizet. Óvatosan kevergetve melegítjük, amíg a cukor fel nem oldódik.

b) Növelje a hőt, és forralja gyorsan körülbelül 5 percig, amíg a keverék sziruposnak nem tűnik.

c) Levesszük a tűzről, és belekeverjük az almalevet.

d) Fedjük le és tegyük hűtőbe legalább 30 percre, vagy amíg jól kihűl.

e) Szűrjük le a keveréket, hogy eltávolítsuk a mentát.

f) Beleöntjük a fagylaltgépbe, és az utasításoknak megfelelően lefagyasztjuk.

g) Helyezze át egy megfelelő edénybe, és fagyassza le, amíg szükséges.

64. Állandó megjegyzés Sorbet

ÖSSZETEVŐK:

- 1 csésze Constant Comment tealevél
- 2 csésze hideg víz
- Négy 1x3 hüvelykes csík narancshéj
- 2 csésze egyszerű szirup
- 2 csésze narancslé

UTASÍTÁS:

a) Tedd egy tálba a tealeveleket, a vizet és a narancshéjat. Addig keverjük, amíg a tealevelek annyira el nem áznak, hogy víz alatt maradjanak.

b) Egy éjszakára hűtőbe tesszük.

c) Öntse át a keveréket egy szűrőn, nyomja rá a tealeveleket, hogy az összes folyadékot megkapja. Körülbelül ⅓ csésze erős teát kapsz. Dobja el a tealeveleket és a narancshéjat.

d) Keverje össze a teát egyszerű sziruppal és narancslével. Helyezze a gép edényébe, és fagyassza le 12-15 percig.

65. Korianderes avokádó lime sorbet

ÖSSZETEVŐK:

- 2 avokádó (a magot és a bőrt eltávolítva)
- $\frac{1}{4}$ csésze Eritrit, por alakú
- 2 közepes lime, lé és héja
- 1 csésze kókusztej
- $\frac{1}{4}$ teáskanál folyékony Stevia
- $\frac{1}{4}$ - $\frac{1}{2}$ csésze koriander, apróra vágva

UTASÍTÁS:

a) A kókusztejet egy serpenyőben felforraljuk. Adjuk hozzá a lime héját.

b) Hagyja lehűlni a keveréket, majd fagyassza le.

c) Egy robotgépben keverje össze az avokádót, a koriandert és a lime levét. Addig pörgesse, amíg a keverék darabos állagot nem kap.

d) Öntse a kókusztej keveréket és a folyékony steviát az avokádóra. Forgassa össze a keveréket, amíg el nem éri a megfelelő állagot. Ennek a feladatnak a végrehajtása nagyjából 2-3 percet vesz igénybe.

e) Tegye vissza a fagyasztóba felengedni, vagy azonnal tálalja!

66. Zöld tea sorbet

ÖSSZETEVŐK:

- ¾ csésze cukor
- 3 csésze forrón főzött zöld tea

UTASÍTÁS:

a) A cukrot feloldjuk a teában, és jól kihűtjük a hűtőben.

b) Fagyassza le fagylalt fagyasztóban a gyártó utasításai szerint.

67. Earl Grey tea szorbet

ÖSSZETEVŐK:
- 1 kis viaszmentes citrom
- 6 uncia arany porcukor
- 2 zacskó tea

UTASÍTÁS:
a) Vágja le vékonyan a citrom héját.

b) Tegye a cukrot egy serpenyőbe 600 ml (1 pint) vízzel, és óvatosan melegítse, amíg a cukor fel nem oldódik.

c) Adjuk hozzá a citrom héját a cukros keverékhez, és forraljuk 5-10 percig, amíg enyhén szirupos nem lesz.

d) Öntsön 150 ml ($\frac{1}{4}$ pint) forrásban lévő vizet a teafilterekre, és hagyja hatni 5 percig.

e) Vegye ki a teazacskókat (nyomja ki az italt), és dobja ki őket.

f) Adjuk hozzá a tealúgot a cukoroldathoz, és hagyjuk kihűlni.

g) Fedjük le és tegyük hűtőbe 30 percre, vagy amíg jól kihűl.

h) Szűrjük a fagylaltgépbe, és az utasításoknak megfelelően fagyasszuk le.

i) Tegye egy edénybe, fedje le, és tárolja a fagyasztóban. Valószínűleg a fagyasztás első 45 perce után keverni kell.

68. Jázmin tea sorbet

ÖSSZETEVŐK:

- 1 ¼ csésze jázmin tea, hűtve
- ¼ csésze cukorszirup , hűtve
- 1-2 teáskanál citromlé
- 1 közepes tojásfehérje

UTASÍTÁS:

a) Keverjük össze a teát, a cukorszirupot és a citromlevet. Öntsük fagylaltkészítőbe, és dolgozzuk fel a gyártó utasításai szerint, vagy öntsük fagyasztóedénybe és fagyasszuk le kézi keverési módszerrel . Forraljuk, amíg latyakos nem lesz.

b) A tojásfehérjét kemény habbá verjük, majd beleforgatjuk a sorbetbe. Folytassa a kavarást és a fagyasztást, amíg meg nem szilárdul. Fagyassza le 15 percig tálalás előtt, vagy amíg szükséges.

c) Ennek a sorbetnek nagyon finom íze van, és a legjobb 24 órán belül elfogyasztani. Ropogós mandulás sütikkel vagy tuiles süteményekkel tálaljuk.

69. Ananász-füves sorbet

ÖSSZETEVŐK:

- 1 kisebb ananász, kimagozzuk, meghámozzuk és kockákra vágjuk
- 1 csésze cukor
- 1 csésze víz
- 1 lime leve
- ½ teáskanál kóser só
- 2 evőkanál apróra vágott gyógynövény, például menta, bazsalikom vagy rozmaring

UTASÍTÁS:

a) Turmixgépben vagy robotgépben pürésítsd simára az ananászdarabkákat, a cukrot, a vizet, a lime levét és a sót.
b) Adja hozzá a gyógynövényt és pulózza, amíg a gyógynövény zöld foltokra nem bomlik.
c) Öntsük a keveréket egy tálba, fedjük le, és hűtsük le az alapot, amíg ki nem hűl, legalább 3 órára vagy akár egy éjszakára.
d) Az alapot óvatosan felverjük, hogy újra összeálljon. Fagyassza le és forgassa fagylaltkészítőben a gyártó utasításai szerint.
e) A lágy állag érdekében a sorbetet azonnal tálaljuk; a szilárdabb állag érdekében tegyük át egy edénybe, fedjük le, és hagyjuk 2-3 órán át a fagyasztóban megszilárdulni.

70. Levendula szorbet

ÖSSZETEVŐK:

- 2 csésze víz
- 1 csésze cukor
- 2 evőkanál szárított levendula virág
- 1 evőkanál citromlé

UTASÍTÁS:

a) Egy serpenyőben keverjük össze a vizet és a cukrot. Közepes lángon addig melegítjük, amíg a cukor teljesen fel nem oldódik.

b) Levesszük a tűzről, és hozzáadjuk a szárított levendula virágokat. Hagyja állni 10-15 percig.

c) Szűrjük le a keveréket, hogy eltávolítsuk a levendula virágait.

d) Keverje hozzá a citromlevet.

e) Öntsük a keveréket egy fagylaltkészítőbe, és forgassuk össze a gyártó utasításai szerint.

f) Miután felvert, tegye át a sorbetet egy fedeles edénybe, és fagyassza le néhány órára, hogy megszilárduljon.

g) Tálalja a levendula sorbetet hűtött tálakba vagy poharakba, hogy illatos és megnyugtató desszertté váljon.

71. Rose Sorbet

ÖSSZETEVŐK:

- 2 csésze víz
- 1 csésze cukor
- ¼ csésze szárított rózsaszirom
- 2 evőkanál citromlé
- 1 evőkanál rózsavíz (elhagyható)

UTASÍTÁS:

a) Egy serpenyőben keverjük össze a vizet és a cukrot. Közepes lángon addig melegítjük, amíg a cukor teljesen fel nem oldódik.

b) Levesszük a tűzről, és hozzáadjuk a szárított rózsaszirmokat. Hagyja állni 10-15 percig.

c) Szűrjük le a keveréket, hogy eltávolítsuk a rózsaszirmokat.

d) Keverje hozzá a citromlevet és a rózsavizet (ha használ).

e) Öntsük a keveréket egy fagylaltkészítőbe, és forgassuk össze a gyártó utasításai szerint.

f) Miután felvert, tegye át a sorbetet egy fedeles edénybe, és fagyassza le néhány órára, hogy megszilárduljon.

g) A rózsasorbetet hűtött tálakba vagy poharakba tálalva finom és virágos desszertként tálaljuk.

72. Hibiszkusz szorbet

ÖSSZETEVŐK:

- 2 csésze víz
- 1 csésze cukor
- ¼ csésze szárított hibiszkusz virág
- 2 evőkanál citromlé

UTASÍTÁS:

a) Egy serpenyőben keverjük össze a vizet és a cukrot. Közepes lángon addig melegítjük, amíg a cukor teljesen fel nem oldódik.

b) Levesszük a tűzről, és hozzáadjuk a szárított hibiszkuszvirágokat. Hagyja állni 10-15 percig.

c) Szűrje le a keveréket, hogy eltávolítsa a hibiszkusz virágait.

d) Keverjük hozzá a citromlevet.

e) Öntsük a keveréket egy fagylaltkészítőbe, és forgassuk össze a gyártó utasításai szerint.

f) Miután felvert, tegye át a sorbetet egy fedeles edénybe, és fagyassza le néhány órára, hogy megszilárduljon.

g) Tálalja a hibiszkuszsorbetet lehűtött tálakba vagy poharakba, hogy élénk és csípős desszertet kapjon.

73. Bodza szorbet

ÖSSZETEVŐK:

- 2 csésze víz
- 1 csésze cukor
- ¼ csésze szívélyes bodzavirág
- 2 evőkanál citromlé

UTASÍTÁS:

a) Egy serpenyőben keverjük össze a vizet és a cukrot. Közepes lángon addig melegítjük, amíg a cukor teljesen fel nem oldódik.

b) Vegyük le a tűzről, és keverjük hozzá a bodzavirágot és a citromlevet.

c) Hagyja lehűlni a keveréket szobahőmérsékletre.

d) Öntsük a keveréket egy fagylaltkészítőbe, és forgassuk össze a gyártó utasításai szerint.

e) Miután felvert, tegye át a sorbetet egy fedeles edénybe, és fagyassza le néhány órára, hogy megszilárduljon.

f) Tálalja a bodzasorbetet lehűtött tálakba vagy poharakba, hogy finom és virágos desszertet kapjon.

DIÓSZORBET

74. Mandula Sorbet

ÖSSZETEVŐK:

- 1 csésze Blansírozott mandula; pirított
- 2 bögre Forrásvíz
- ¾ csésze Cukor
- 1 csipetnyi Fahéj
- 6 evőkanál Könnyű kukoricaszirup
- 2 evőkanál Amaretto
- 1 teáskanál Citromhéj

UTASÍTÁS:

a) Konyhai robotgépben a mandulát őröljük porrá. Egy nagy serpenyőben keverjük össze a vizet, a cukrot, a kukoricaszirupot, a likőrt, a héjat és a fahéjat, majd adjuk hozzá a darált diót.

b) Közepes lángon folyamatosan keverjük, amíg a cukor fel nem oldódik és a keverék felforr. 2 percig forraljuk

c) Tegye félre hűlni. Fagylaltkészítő segítségével forgassa össze a keveréket, amíg félig megfagy.

d) Ha nem rendelkezik fagylaltkészítővel, tegye át a keveréket egy rozsdamentes acél tálba, és 2 óránként keverje meg keményre.

75. Sorbet rizspogácsával és vörösbabtésztával

ÖSSZETEVŐK:

A SZORBETÉRT
- 2 evőkanál sűrített tej, édesítve
- 1 csésze tej

KISZOLGÁLNI
- 3 darab nyálkás rizssütemény, pörkölt szójaporral bevonva, $\frac{3}{4}$ hüvelykes kockákra vágva
- 4 teáskanál natúr mandulapehely
- 2 evőkanál mini mochi rizs sütemény
- 2 kanál édesített vörösbabmassza
- 4 teáskanál többszemcsés por

UTASÍTÁS:

a) Keverje össze a sűrített tejet és a tejet egy ajakos csészében a kiöntéshez.

b) Helyezze a keveréket egy jeges tálcába, és fagyassza le, amíg jégtömb nem lesz, körülbelül 5 órán keresztül.

c) Ha megszilárdult, vegyük ki és tegyük turmixgépbe, és addig pörgetjük, amíg sima nem lesz.

d) Tegye az összes hozzávalót egy lehűtött tálba.

e) Az alapba tegyünk 3 evőkanál sorbetet, majd szórjunk meg 1 teáskanál sokszemű porral.

f) Ezután adjunk hozzá további 3 evőkanál sorbetet, majd további gabonaport.

g) Most helyezze rá a rizspogácsát és a babpasztát.

h) Megszórjuk mandulával és tálaljuk.

76. Pisztácia szorbet

ÖSSZETEVŐK:
- 1 csésze héjas pisztácia
- ½ csésze cukor
- 2 csésze víz
- 1 evőkanál citromlé

UTASÍTÁS:
a) Turmixgépben vagy konyhai robotgépben a pisztáciát finom porrá daráljuk.

b) Egy serpenyőben keverjük össze az őrölt pisztáciát, a cukrot, a vizet és a citromlevet. Forraljuk fel a keveréket közepes lángon, keverjük addig, amíg a cukor fel nem oldódik.

c) Vegyük le a tűzről, és hagyjuk a keveréket szobahőmérsékletre hűlni.

d) Szűrjük át a keveréket egy finom szitán, hogy eltávolítsuk a szilárd anyagokat.

e) A leszűrt keveréket öntsük fagylaltkészítőbe, és forgassuk össze a gyártó utasításai szerint.

f) Miután felvert, tegye át a sorbetet egy fedeles edénybe, és fagyassza le néhány órára, hogy megszilárduljon.

g) Tálalja a pisztácia sorbetet hűtött tálakba vagy poharakba, hogy egy kellemes és diós desszert legyen.

77. Mogyorós csokoládé szorbet

ÖSSZETEVŐK:

- 1 csésze mogyoró tej
- ½ csésze cukor
- ¼ csésze kakaópor
- ½ teáskanál vanília kivonat
- Csipet só

UTASÍTÁS:

a) Egy serpenyőben keverjük össze a mogyorótejet, a cukrot, a kakaóport, a vaníliakivonatot és a sót. Közepes lángon addig melegítjük, amíg a keverék jól össze nem keveredik, és a cukor feloldódik.

b) Vegyük le a tűzről, és hagyjuk a keveréket szobahőmérsékletre hűlni.

c) Tegye át a keveréket egy fagylaltkészítőbe, és forgassa össze a gyártó utasításai szerint.

d) Miután felvert, tegye át a sorbetet egy fedeles edénybe, és fagyassza le néhány órára, hogy megszilárduljon.

e) Tálalja a mogyorós csokoládé sorbetet lehűtött tálakba vagy poharakba, hogy gazdag és kényeztető desszertet kapjon.

78. Kesudió kókusz szorbet

ÖSSZETEVŐK:

- 1 csésze kesudió tej
- ½ csésze kókusztej
- ½ csésze cukor
- ½ teáskanál vanília kivonat
- Bogyók, díszítésnek

UTASÍTÁS:

a) Egy serpenyőben keverjük össze a kesudiótejet, a kókusztejet, a cukrot és a vaníliakivonatot. Közepes lángon addig melegítjük, amíg a keverék jól össze nem keveredik, és a cukor feloldódik.

b) Vegyük le a tűzről, és hagyjuk a keveréket szobahőmérsékletre hűlni.

c) Tegye át a keveréket egy fagylaltkészítőbe, és forgassa össze a gyártó utasításai szerint.

d) Miután felvert, tegye át a sorbetet egy fedeles edénybe, és fagyassza le néhány órára, hogy megszilárduljon.

e) Tálalja a kesudió kókuszos sorbetet hűtött tálkákban vagy poharakban, krémes és trópusi desszertként.

f) Tetejét bogyókkal.

79. Diós juharsorbet

ÖSSZETEVŐK:

- 1 csésze dió tej
- ½ csésze juharszirup
- ¼ csésze cukor
- ½ teáskanál vanília kivonat

UTASÍTÁS:

a) Egy serpenyőben keverjük össze a diótejet, a juharszirupot, a cukrot és a vaníliakivonatot. Közepes lángon addig melegítjük, amíg a keverék jól össze nem keveredik és a cukor fel nem oldódik.

b) Vegyük le a tűzről, és hagyjuk a keveréket szobahőmérsékletre hűlni.

c) Tegye át a keveréket egy fagylaltkészítőbe, és forgassa össze a gyártó utasításai szerint.

d) Miután felvert, tegye át a sorbetet egy fedeles edénybe, és fagyassza le néhány órára, hogy megszilárduljon.

e) Tálaljuk a diós juharsorbetet lehűtött tálakba vagy poharakba, hogy diós és természetesen édes desszertet kapjunk.

ALKOHOLOS SZORBET

80. Bellini Sorbet

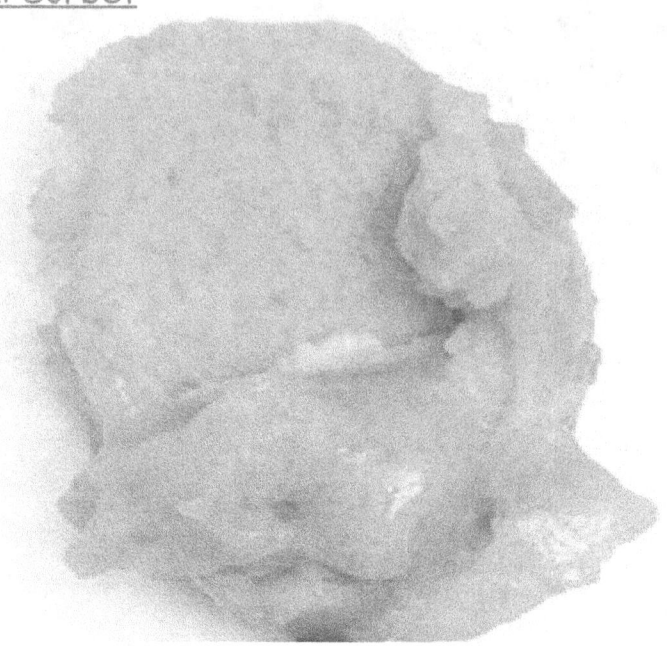

ÖSSZETEVŐK:

- 4 érett őszibarack, meghámozva, kimagozva és konyhai robotgépben pürésítve
- ⅔ csésze cukor
- ¼ csésze világos kukoricaszirup
- ⅔ csésze fehér burgundi
- 3 evőkanál friss citromlé

UTASÍTÁS:

a) Főzés A pürésített őszibarackot, a cukrot, a kukoricaszirupot, a bort és a citromlevet egy közepes serpenyőben összekeverjük, és addig keverjük, amíg a cukor fel nem oldódik. Tegyük át egy közepes tálba, és hagyjuk kihűlni.

b) Lehűtés Helyezze a sorbet alapot a hűtőszekrénybe, és hűtse legalább 2 órát.

c) Lefagyasztás Vegye ki a fagyasztott kannát a fagyasztóból, szerelje össze a fagylaltgépet, és kapcsolja be. Öntse a sorbet alapot a kannába, és addig forgassa, amíg nagyon lágy tejszínhab állaga nem lesz.

d) Csomagolja a sorbetet egy tárolóedénybe. Nyomjon egy pergamenlapot közvetlenül a felülethez, és zárja le légmentesen záródó fedéllel. Fagyassza le a fagyasztó leghidegebb részében, amíg meg nem szilárdul, legalább 4 órán keresztül.

81. Epres pezsgő szorbet

ÖSSZETEVŐK:

- 4 csésze friss eper, megmosva és meghámozva
- 1 ½ csésze pezsgő vagy prosecco
- ⅓ csésze kristálycukor

UTASÍTÁS:

a) összes hozzávalót egy turmixgépbe tesszük, és simára turmixoljuk.

b) Tegye át a keveréket egy fagylaltkészítőbe, és forgassa össze a gyártó utasításai szerint .

c) Azonnal fogyaszd el, vagy tedd egy fagyasztótartályba, hogy megszilárduljon.

82. Applejack Sorbet en Casis

ÖSSZETEVŐK:

- 2 ¾ csésze hideg víz
- 1 (1 hüvelyk) rúd fahéj
- 1 ½ csésze kristálycukor
- Csipet só
- ¼ csésze almás csésze
- 4 evőkanál citromlé
- 1 evőkanál reszelt narancshéj

UTASÍTÁS:

a) Egy serpenyőben keverjük össze a hideg vizet, a fahéjat, a cukrot, a sót és az almahéjat.

b) Addig keverjük, amíg a cukor fel nem oldódik. Forráspontig melegítjük, és keverés nélkül 5 percig forraljuk.

c) Szűrje le a folyadékot egy serpenyőbe vagy egy nagy tálba, és hűtse le egy kicsit.

d) A keverékhez keverjük a leszűrt citromlevet és a reszelt narancshéjat.

e) Alaposan hűtsük le és hűtsük le fagyasztás előtt.

83. Hibiszkusz-Sangria Sorbet

ÖSSZETEVŐK:

- 2 csésze vörösbor
- 1 csésze víz
- 1½ csésze szárított hibiszkusz virág
- 2 evőkanál világos kukoricaszirup
- 1 csésze cukor
- 1 kis narancs reszelt héja és leve
- 1 kis őszibarack
- 1 kis fanyar alma
- ½ csésze vörös szőlő
- ½ csésze eper

UTASÍTÁS:

a) Egy serpenyőben keverje össze a bort, a vizet, a hibiszkuszt, a kukoricaszirupot és a ¾ csésze cukrot. Közepes lángon forraljuk fel, és kevergetve főzzük 5 percig, hogy a cukor feloldódjon.

b) Levesszük a tűzről, belekeverjük a narancshéjat és a levét, majd hagyjuk szobahőmérsékletűre hűlni.

c) Öntse a keveréket egy tálra állított, finom szűrőn. Fedjük le és tegyük hűtőbe, amíg meg nem hűl, legalább 3 órára, vagy akár egy éjszakára.

d) Körülbelül 15 perccel azelőtt, hogy készen állna a sorbet lefagyasztására, kimagozzuk és apróra vágjuk az őszibarackot. Az almát kimagozzuk és apróra felkockázzuk. A szőlőt félbevágjuk.

e) Hámozzuk meg és apróra vágjuk az epret. Az összes gyümölcsöt összekeverjük egy tálban, hozzáadjuk a maradék ¼ csésze cukrot, és összeforgatjuk. Félretesz, mellőz.

f) Fagyassza le és forgassa össze a hibiszkusz keveréket fagylaltkészítőben a gyártó utasításai szerint.

g) Amikor a sorbet befejezte a kavargást, a gyümölcskeveréket finom szűrőben csepegtessük le, majd keverjük bele a gyümölcsöt a sorbetbe.

h) Tegye egy edénybe, fedje le, és hagyja a fagyasztóban megszilárdulni 2-3 órán keresztül.

84. Pezsgős koktél sorbet

ÖSSZETEVŐK:

- 1 ½ csésze víz, lehűtve
- ½ csésze grapefruitlé
- 1 csésze szuperfinom cukor
- 1 ½ csésze pezsgő vagy pezsgő száraz fehérbor, hűtve
- 1 közepes tojásfehérje

UTASÍTÁS:

a) Keverjük össze a vizet, a grapefruitlevet és a cukrot. Hűtsük le, amíg a cukor fel nem oldódik. Keverje hozzá a pezsgőt vagy a habzóbort.

b) Öntsük fagylaltkészítőbe, és dolgozzuk fel a gyártó utasításai szerint, vagy egy fagyasztóedénybe, és fagyasszuk le kézi keverési módszerrel . Addig kavargassuk, míg sima lesz.

c) A tojásfehérjét addig verjük, amíg lágy csúcsok nem lesznek. Kavarás közben adjuk hozzá a sorbet tálhoz, vagy a fagyasztóedényben forgatjuk a keverékhez. Folytassa, amíg szilárd nem lesz. Tálalás előtt legalább 20 percig fagyasszuk, hogy megszilárduljon. A sorbetet közvetlenül a fagyasztóból tálaljuk, mert nagyon gyorsan megolvad.

d) Tálalás előtt rövid időre lefagyasztjuk a poharakat, egy csepp pálinkával, Cassis-szel vagy Fraise-szel az aljában.

e) Ne tárolja néhány napnál tovább.

85. Sorbetek szivárványa

ÖSSZETEVŐK:

- 1 (16 uncia) doboz szeletelt vagy félbevágott körte kemény szirupban
- 2 evőkanál Poire William likőr
- 1 (16 uncia) doboz szeletelt vagy félbevágott őszibarack kemény szirupban
- 2 evőkanál bourbon
- 1 (20 uncia) doboz zúzott ananász kemény szirupban
- 3 evőkanál sötét rum
- 2 evőkanál konzerv kókusztejszín
- 1 (16 uncia) doboz fél kajszibarack kemény szirupban
- 2 evőkanál amaretto
- 1 (17 uncia) szilvakonzerv kemény szirupban
- 4 evőkanál creme de cassis
- ¼ teáskanál fahéj

UTASÍTÁS:

a) Fagyassza le a bontatlan gyümölcskonzervet, amíg meg nem fagy, legalább 18 órán keresztül.
b) Merítse a bontatlan dobozt forró vízbe 1-2 percre.
c) Nyissa ki a dobozt, és öntse a szirupot az élelmiszer-feldolgozó tálba. Távolítsa el a doboz másik végét, és fordítsa ki a gyümölcsöt a vágási felületre.
d) Vágja 1 hüvelykes szeletekre, majd vágja kockákra, és tegye a feldolgozóedénybe. Folyamatosan, pulzáló be- és kikapcsolással simára dolgozzuk. Adja hozzá a többi hozzávalót, és dolgozza el, hogy alaposan keverje össze.
e) Azonnal tálaljuk, vagy kanalazzuk a tálba, fedjük le, és tálalásig fagyasztjuk, legfeljebb 8 óráig.

86. Lime Daiquiri Sorbet

ÖSSZETEVŐK:

- 2 ½ csésze friss limelé (10-12 nagy lime)
- 3 lime reszelt héja
- 1 ⅓ csésze kristálycukor
- 1 csésze rum
- ½ csésze víz

UTASÍTÁS:

a) Az összes hozzávalót egy turmixgépben vagy egy fém pengével ellátott konyhai robotgépben dolgozza el.

b) Fagyassza le fagylaltkészítőben a gyártó utasításait követve.

87. Calvados Sorbet

ÖSSZETEVŐK:

- 1 ¾ csésze plusz 2 evőkanál Calvados
- 3 evőkanál egyszerű szirup

UTASÍTÁS:

a) Egy serpenyőben közepes lángon melegítsen fel 1 ½ csésze Calvadost.

b) Kapcsolja ki a fűtést, álljon hátra, és érintsen meg egy meggyújtott gyufát a Calvadoshoz.

c) Hagyja lángolni, amíg a lángok ki nem alulnak, körülbelül 8 percig. Keverjük hozzá a maradék 6 evőkanálnyit.

d) Calvados és az egyszerű szirup

e) Öntse a keveréket a fagylaltkészítő edényébe, és fagyassza le. Kérjük, kövesse a gyártó használati útmutatóját. 30 perc.

ZÖLDSÉGSZORBET

88. Répaborscs szorbet

ÖSSZETEVŐK:

- 1 kiló cékla
- 5 csésze víz
- 2 ½ teáskanál fehér ecet
- 2 evőkanál friss citromlé
- ¾ teáskanál citromsav (savanyú só) kristályok ½-¾ csésze cukor
- 2 ¼ teáskanál só Tejföl Vágott kapor

UTASÍTÁS:

a) Mossuk meg és dörzsöljük jól a céklát. Vágja le az összes szárat 1 hüvelyk kivételével.

b) Tegye a céklát egy edénybe a vízzel. Erős tűzre tesszük és felforraljuk.

c) Fedjük le a serpenyőt, mérsékeljük a lángot alacsony forráspontig, és főzzük 20-40 percig, vagy amíg a répát nyárssal fel nem vágjuk.

d) Tegyük félre kicsit hűlni.

e) A répát finom hálószűrőn keresztül egy serpenyőbe szűrjük. Tartsa a céklát más felhasználásra.

f) Mérjük meg a folyadékot, és adjunk hozzá annyi vizet, hogy 4 csésze legyen. Amíg a folyadék még forró, hozzáadjuk az ecetet, a citromlevet, a citromsavat, a cukrot és a sót. Keverjük, hogy feloldódjon.

g) Kóstolja meg, és ha szükséges, javítsa a fűszerezést. A hatásnak édes-savanyúnak kell lennie.

h) A borscsot alaposan lehűtjük. Öntsük a gép edényébe és fagyasszuk le.

i) Díszítsük egy kanál tejföllel és egy meghintéssel friss kaporral.

89. Paradicsom és bazsalikom szorbet

ÖSSZETEVŐK:

- 5 friss, érett paradicsom
- ½ csésze friss citromlé
- 1 teáskanál só
- ½ csésze egyszerű szirup
- 1 evőkanál paradicsompüré
- 6 friss bazsalikom levél durvára vágva

UTASÍTÁS:

a) A paradicsomot meghámozzuk, kimagozzuk és kimagozzuk.

b) Aprítógépben pürésítjük, körülbelül 3 csésze püréhez kell jutni.

c) Keverjük hozzá a többi hozzávalót

d) Öntse a keveréket a fagylaltkészítő edényébe, és fagyassza le.

e) Kérjük, kövesse a gyártó használati útmutatóját.

90. Uborka-lime szorbet Serrano Chilével

ÖSSZETEVŐK:

- 2 csésze víz
- 1 csésze cukor
- 2 evőkanál világos kukoricaszirup
- 2 serrano vagy jalapeño chili szárral és kimagozva
- 1 teáskanál kóser só
- 2 kiló uborka, meghámozva, kimagozva és nagy kockákra vágva
- ⅔ csésze frissen facsart limelé

UTASÍTÁS:

a) Egy kis serpenyőben keverjünk össze 1 csésze vizet és a cukrot. Közepes lángon forraljuk fel, kevergetve, hogy a cukor feloldódjon. Levesszük a tűzről, belekeverjük a kukoricaszirupot, és hagyjuk kihűlni.

b) Turmixgépben keverje össze a maradék 1 csésze vizet, a chilit, a sót és a pürét, amíg látható darabok nem lesznek. Öntse a keveréket egy tálra állított, finom szűrőn.

c) A leszűrt chili vizet visszatesszük a turmixgépbe, hozzáadjuk az uborkát, és simára turmixoljuk.

d) Öntse a keveréket a finom hálós szűrőn keresztül a tál fölé. Hozzákeverjük a lime levét és a cukorszirupot. Fedjük le és tegyük hűtőbe, amíg ki nem hűl, legalább 4 óráig vagy legfeljebb 8 óráig.

e) Fagyassza le és forgassa fagylaltkészítőben a gyártó utasításai szerint. A lágy állag érdekében a sorbetet azonnal tálaljuk; a szilárdabb állag érdekében tegyük át egy edénybe, fedjük le, és hagyjuk 2-3 órán át a fagyasztóban megszilárdulni.

91. Red Bean Paste Sorbet

ÖSSZETEVŐK:

- Egy 18 uncia doboz édesített vörösbab paszta
- 1 csésze víz
- 1 ½ csésze egyszerű szirup

UTASÍTÁS:

a) A babpasztát és a vizet aprítógépbe tesszük, és simára pürésítjük. Keverjük hozzá az egyszerű szirupot.

b) Öntse a keveréket a fagylaltkészítő edényébe, és fagyassza le. Kérjük, kövesse a gyártó használati útmutatóját.

92. Kukorica és kakaó sorbet

ÖSSZETEVŐK:

- ½ csésze masa harina
- 2½ csésze víz, szükség szerint még több
- 1 csésze cukor
- ½ csésze cukrozatlan, holland eljárással előállított kakaópor
- Csipet kóser só
- ¾ teáskanál őrölt mexikói fahéj
- 5 uncia keserű vagy félédes csokoládé, apróra vágva

UTASÍTÁS:

a) Egy tálban keverje össze a masa harinát ½ csésze vízzel.

b) Keverjük addig, amíg egynemű tésztát nem kapunk. Ha kicsit száraznak érzed, keverj hozzá még pár evőkanál vizet és tedd félre.

c) Egy nagy serpenyőben keverje össze a maradék 2 csésze vizet és a cukrot, a kakaóport és a sót. Közepes lángon felforraljuk, folyamatosan kevergetve, hogy a cukor elolvadjon.

d) Adjuk hozzá a masa keveréket, forraljuk vissza, és főzzük folyamatos kevergetés mellett, amíg a keverék jól össze nem áll, és csomók nem lesznek, körülbelül 3 percig. Keverje hozzá a fahéjat és a csokoládét, amíg a csokoládé el nem olvad. Tegyük át az alapot egy tálba, fedjük le, és tegyük hűtőbe, amíg meg nem hűl, körülbelül 2 órára.

e) Az alapot habverővel összekeverjük. Fagyassza le és forgassa fagylaltkészítőben a gyártó utasításai szerint. A lágy állag érdekében a sorbetet azonnal tálaljuk; a szilárdabb állag érdekében tegyük át egy edénybe, fedjük le, és tálalás előtt 1 óránál tovább fagyasszuk.

93. Uborka menta szorbet

ÖSSZETEVŐK:

- 2 nagy uborka
- ½ csésze friss mentalevél
- ¼ csésze cukor
- 2 evőkanál limelé
- Csipet só

UTASÍTÁS:

a) Az uborkát meghámozzuk és felkockázzuk.

b) Turmixgépben vagy konyhai robotgépben keverje össze a felkockázott uborkát, mentaleveleket, cukrot, lime levét és sót. Keverjük simára.

c) Szűrjük át a keveréket egy finom szitán, hogy eltávolítsuk a szilárd anyagokat.

d) A leszűrt keveréket öntsük fagylaltkészítőbe, és forgassuk össze a gyártó utasításai szerint.

e) Miután felvert, tegye át a sorbetet egy fedeles edénybe, és fagyassza le néhány órára, hogy megszilárduljon.

f) Tálaljuk az uborkás menta sorbetet lehűtött tálakba vagy poharakba frissítő és hűsítő csemegeként.

94. Pirított pirospaprika szorbet

ÖSSZETEVŐK:

- 2 nagy piros kaliforniai paprika
- ¼ csésze cukor
- 2 evőkanál citromlé
- Csipet só
- csipetnyi cayenne bors (opcionális a csípős ütéshez)

UTASÍTÁS:

a) Melegítsd elő a sütőt 200°C-ra (400°F).

b) Vágja félbe a piros kaliforniai paprikát, távolítsa el a magokat és a hártyát.

c) A fél paprikaféléket egy tepsire tesszük, vágott oldalukkal lefelé.

d) Süssük a paprikát a sütőben 25-30 percig, vagy amíg a héja elszenesedik és felhólyagosodik.

e) A paprikákat kivesszük a sütőből és hagyjuk kihűlni. Miután eléggé kihűlt a kezeléshez, húzzuk le a bőrt.

f) Turmixgépben vagy robotgépben keverje össze a pirított pirospaprikát, cukrot, citromlevet, sót és cayenne borsot (ha használ). Keverjük simára.

g) Szűrjük át a keveréket egy finom szitán, hogy eltávolítsuk a szilárd anyagokat.

h) A leszűrt keveréket öntsük fagylaltkészítőbe, és forgassuk össze a gyártó utasításai szerint.

i) Miután felvert, tegye át a sorbetet egy fedeles edénybe, és fagyassza le néhány órára, hogy megszilárduljon.

j) A sült pirospaprika sorbetet hűtött tálakba vagy poharakba tálaljuk egyedi és ízletes előételként vagy desszertként.

95. Répa- és narancssorbet

ÖSSZETEVŐK:

- 2 közepes répa főzve és meghámozva
- 2 narancs héja és leve
- ¼ csésze cukor
- 2 evőkanál citromlé
- Csipet só

UTASÍTÁS:

a) A főtt és meghámozott répát kockára vágjuk.

b) Turmixgépben vagy konyhai robotgépben keverje össze a répadarabokat, a narancshéjat, a narancslevet, a cukrot, a citromlevet és a sót. Keverjük simára.

c) Szűrjük át a keveréket egy finom szitán, hogy eltávolítsuk a szilárd anyagokat.

d) A leszűrt keveréket öntsük fagylaltkészítőbe, és forgassuk össze a gyártó utasításai szerint.

e) Miután felvert, tegye át a sorbetet egy fedeles edénybe, és fagyassza le néhány órára, hogy megszilárduljon.

f) Tálalja a céklát és a narancssorbetet lehűtött tálakba vagy poharakba, hogy egy élénk és csípős desszert legyen.

# LEVESSZORBET

96. Gazpacho szorbet

ÖSSZETEVŐK:

- 2 és fél csésze hűtött Gazpacho
- 2 evőkanál friss citromlé
- 1 teáskanál só
- 1 csésze víz
- 1 csésze paradicsomlé
- ¼ teáskanál Tabasco
- 4 őrlemény friss fekete bors

UTASÍTÁS:

a) Az összes hozzávalót összekeverjük, ízlés szerint fűszerezzük.

b) Szűrjük le a keveréket, és tartsuk le a zöldségdarabokat.

c) Öntse a folyadékot a gép edényébe, és 10 perc fagyasztás után keverje hozzá a fenntartott zöldséget, és fagyassza keményre.

97. Csirkeleves és kapros szorbet

ÖSSZETEVŐK:

- 1 liter gazdag házi csirke alaplé
- 2 evőkanál szorosan csomagolt, apróra vágott friss kapor
- 2-4 evőkanál friss citromlé
- Só és frissen őrölt bors ízlés szerint

UTASÍTÁS:

a) Tegye az összes hozzávalót a fagylaltgép táljába, és fagyassza le.

98. Sárgarépa gyömbér szorbet

ÖSSZETEVŐK:

- 4 nagy sárgarépa
- 1 hüvelykes darab friss gyömbér, meghámozva
- $\frac{1}{2}$ csésze cukor
- $\frac{1}{4}$ csésze víz
- 2 evőkanál citromlé

UTASÍTÁS:

a) A sárgarépát meghámozzuk és apró kockákra vágjuk.

b) Turmixgépben vagy konyhai robotgépben keverje össze az apróra vágott sárgarépát, a friss gyömbért, a cukrot, a vizet és a citromlevet. Keverjük simára.

c) Szűrjük át a keveréket egy finom szitán, hogy eltávolítsuk a szilárd anyagokat.

d) A leszűrt keveréket öntsük fagylaltkészítőbe, és forgassuk össze a gyártó utasításai szerint.

e) Miután felvert, tegye át a sorbetet egy fedeles edénybe, és fagyassza le néhány órára, hogy megszilárduljon.

f) Tálalja a sárgarépa-gyömbér sorbetet lehűtött tálakba vagy poharakba, hogy élénk és ízletes szájtisztító legyen.

99. Gomba Consommé Sorbet

ÖSSZETEVŐK:

- 8 uncia cremini vagy gomba, apróra vágva
- 4 csésze zöldségleves
- 2 gerezd fokhagyma, felaprítva
- 2 evőkanál szójaszósz
- 1 evőkanál citromlé
- 1 teáskanál cukor
- $\frac{1}{2}$ teáskanál só
- $\frac{1}{4}$ teáskanál fekete bors

UTASÍTÁS:

a) Egy serpenyőben keverjük össze a gombát, a zöldséglevest, a darált fokhagymát, a szójaszószt, a citromlevet, a cukrot, a sót és a fekete borsot. Forraljuk fel a keveréket közepes lángon.

b) Csökkentse a hőt, és forralja a keveréket körülbelül 20 percig, hogy az ízek behatoljanak.

c) Vegyük le a tűzről, és hagyjuk a keveréket szobahőmérsékletre hűlni.

d) Szűrje át a keveréket egy finom szitán, hogy eltávolítsa a szilárd anyagokat, és sima konsommét biztosítson.

e) A leszűrt konsommé-t öntsük egy fagylaltkészítőbe, és forgassuk össze a gyártó utasításai szerint.

f) Miután felvert, tegye át a sorbetet egy fedeles edénybe, és fagyassza le néhány órára, hogy megszilárduljon.

g) A gombás konsommé sorbetet hűtött tálakba vagy poharakba tálaljuk ízletes és frissítő előételként vagy ínytisztítóként.

100. Görögdinnye uborka szorbet

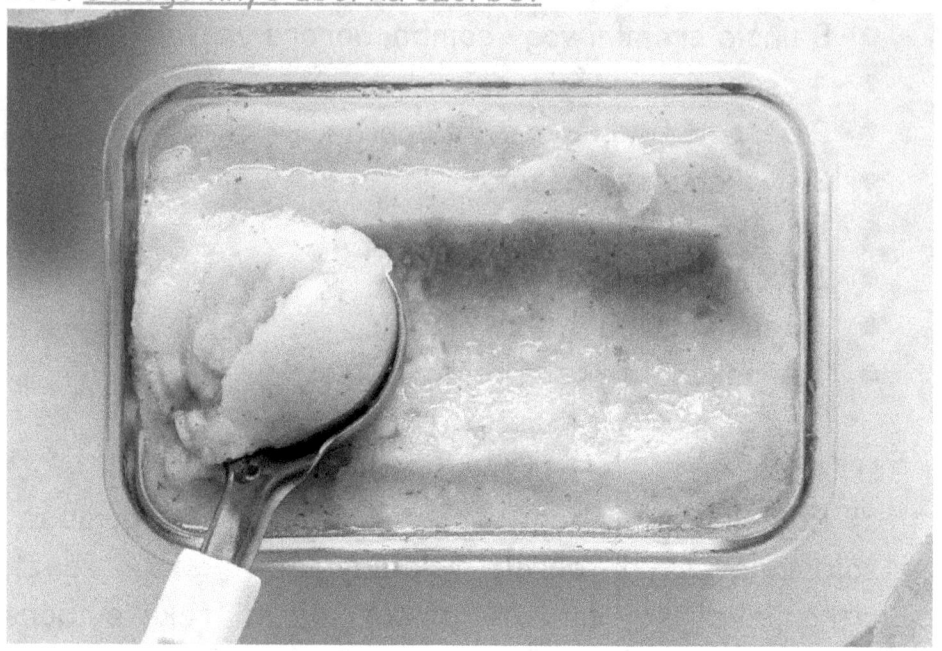

ÖSSZETEVŐK:

- 4 csésze görögdinnye kimagozva és felkockázva
- 1 uborka, meghámozva és felkockázva
- ¼ csésze cukor
- 2 evőkanál limelé
- Mentalevél a díszítéshez (elhagyható)

UTASÍTÁS:

a) Turmixgépben vagy konyhai robotgépben összedolgozzuk a görögdinnye kockákat, a felkockázott uborkát, a cukrot és a lime levét. Keverjük simára.

b) Szűrjük át a keveréket egy finom szitán, hogy eltávolítsuk a szilárd anyagokat.

c) A leszűrt keveréket öntsük fagylaltkészítőbe, és forgassuk össze a gyártó utasításai szerint.

d) Miután felvert, tegye át a sorbetet egy fedeles edénybe, és fagyassza le néhány órára, hogy megszilárduljon.

e) A görögdinnye uborkasorbetet hűtött tálakba vagy poharakba tálaljuk. Díszítsd friss mentalevéllel, ha szükséges, a frissesség fokozása érdekében.

KÖVETKEZTETÉS

Reméljük, hogy élvezte a sorbettek világának felfedezését a "Simply Sorbet: Refreshing Recipes for Resistible Frozen Delights" című könyvben. Ezt a szakácskönyvet úgy terveztük, hogy ösztönözze kreativitását, és arra ösztönözze, hogy kísérletezzen ízekkel, textúrákkal és prezentációkkal, hogy olyan sorbeteket készítsen, amelyek valóban örömet okoznak az érzékeknek. A klasszikus gyümölcskombinációktól az egyedi és egzotikus fordulatokig a szakácskönyvben megosztott receptek sokféle lehetőséget kínálnak minden ízléshez. Akár a citrusok csípősségét, akár a bogyók édességét, akár a gyógynövények és fűszerek finomságát részesíti előnyben, a sorbetben végtelen lehetőségek rejlenek. Fogd hát a fagylaltkészítőt, gyűjtsd össze kedvenc alapanyagaidat, és engedd szabadjára a fantáziádat, miközben tovább fedezed a házi készítésű sorbet világát. Minden fagyasztott gombóc hozzon örömet, felüdülést és egy kis édességet az életedbe. Üdv a sok finom fagyos kalandhoz!

www.ingramcontent.com/pod-product-compliance
Lightning Source LLC
Chambersburg PA
CBHW050150130526
44591CB00033B/1228